我们的社会主义

刘哲昕 著

学习出版社

图书在版编目（CIP）数据

我们的社会主义 / 刘哲昕著. -- 北京：学习出版社，2020.8（2024.9重印）
ISBN 978-7-5147-0981-0

Ⅰ. ①我… Ⅱ. ①刘… Ⅲ. ①社会主义－对比研究－资本主义 Ⅳ. ①D033

中国版本图书馆CIP数据核字(2020)第086727号

我们的社会主义
WOMEN DE SHEHUIZHUYI
刘哲昕 著

责任编辑：张 俊 李 琳
技术编辑：周媛卿 朱宝娟

出版发行：学习出版社
北京市崇外大街11号新成文化大厦B座11层（100062）
010-66063020 010-66061634 010-66061646
网 址：http://www.xuexiph.cn
经 销：新华书店
印 刷：北京联兴盛业印刷股份有限公司

开 本：710毫米×1000毫米 1/16
印 张：14.25
字 数：142千字
版次印次：2020年8月第1版 2024年9月第4次印刷

书 号：ISBN 978-7-5147-0981-0
定 价：46.00元

如有印装错误请与本社联系调换，电话：010-66064915

写在前面

2019 年春天，《家国情怀：中国人的信仰》出版了。这是我人生中的第一部对话体作品。由于书中的对话场景被我虚拟地设在了汶川的映秀书院，因此学习出版社别出心裁地将新书发布会的地点安排在了汶川映秀，时间是 2019 年 5 月 12 日——汶川地震 11 周年纪念日。对于我这个视汶川为精神故乡的人来说，这场新书发布会犹如梦幻一般，就此在我的生命中刻下了永恒的印记。那天在汶川，我告诉自己：这场发生在汶川的虚拟对话不是结束，而是开始。我决心继续运用这种最朴素的文体，将自己与这个世界之间的对话进行到底。于是在 2020 年的春天里，就有了这部《我们的社会主义》。

与上次对话不同的是，此次对话的虚拟场景不是在汶川的映秀，而是在上海的新天地；与上次对话相同的是，这个决定几乎也是毫不犹豫的。因为在我的心目中，社会主义最最核心的命题，就是当代共产党人究竟应该如何正确对待资本。而新天地酒吧区与中共一大会址之间的历史对视是如此的耐人寻味，以至于写一部关于社会主义的对话体作品的想法刚刚出现在远方的地平线上，倪兴祥馆长的那句话就从记忆深处跳进了我的心——“这不是资本主义的东西在包围，这是改革开放的成果在簇拥。”

地点有了变化，人物自然也就有了变化。此次参与对话的虚构人物，除了“我”之外，还有小梅、余斌和丹尼尔。小梅是一位刚刚参加完研究生入学考试的金融专业大学生，具备一定的知识储备和独立的思考能力，代表着年轻一代对社会的认知与期待；余斌是我的法学院同学，也是一位从事金融与资本业务的资深律师，作为中国资本市场的一位参与者和见证者，他对资本的优点与缺陷有着深切的认知与思考；至于书中的丹尼尔，则是从汶川一路走来的老朋友了，只不过这次他并不是以一名基督徒的身份与我们一起探讨信仰问题，而是以一名理性客观的西方人的身份，与我们一起探讨社会主义与资本主义的优劣问题。与上部作品相同的是，这些虚构的对话人物在生活中也都各有原型，甚至可以说几乎就是真实的；与上部作品略有不同的是，由于主题的不同，此次对话总体上显得更加理性，对话人物的知识量级自然也就有所提升。

对话体的第二次尝试，依然让我的内心充满了创作的乐趣。那种感觉不像是在写作，而像是在拍电影——每天早上开工的时候，感觉那些对话人物就像是一群演员，早早收到通告候在片场，只等导演喊声“Action”，演员们就自顾自地演了起来，把可怜的导演撂在一边，直到他喊“Cut”为止。听说聪明的导演都善于发挥演员的主观能动性，所以才有了那些妙手偶得的珍贵镜头。我也很想学到这招儿，因此常常睁一眼闭一眼地放纵对话人物的言论自由。至于效果究竟如何，我自己肯定是不知道的，还好未来会有无数睿智的读者来当上帝，作者且听判决就是。当然了，如果未来的读者们觉得这部“电影”拍得还算不错的话，那么不要感谢我，而应该和我一起首先感谢一下学习出版社——如此重要的命题，如此发散的思维；如此权威的平台，如此非标的答案。

2020年的春天很不太平。2020年2月，当我开始动笔写作这部书的时候，新冠肺炎疫情刚刚暴发。当我在疫情中完成这部书稿的时候，国内的疫情已经得到了初步的控制，国外的疫情却一天天地严峻起来。对于这个环球同此凉热的世界来说，新冠肺炎疫情既是一场突如其来的灾难，也是一面不期而至的镜子。这面镜子照出了中国与西方的长与短，也照出了社会主义与资本主义的短与长。每一个爱思考的人都应该问一问：当这场自然灾难骤然来临的时候，为什么中国社会在经历了最初的慌乱之后，能够如此迅速地行动起来并成功地控制住疫情？为什么西方社会坐拥如此强大的实力和充足的预警时间，其后续的表现却如此地令人大跌眼镜？当然，真正爱思考的人一定还会继续问下去：正所谓“瑕不掩瑜，瑜不掩瑕”，在这场抗击疫情的斗争中，中国社会有没有暴露出自己的什么缺点？西方社会又有什么地方是值得我们学习的？由于这部作品的对话时间被我设定在了2020年的元旦，因此关于这场疫情的问题是不可能出现在书稿里的。然而，由于这部作品讨论的恰恰是社会主义与资本主义的长短与优劣，因此关于这场疫情的答案其实一直就在对话之中。当然了，一千个读者就有一千个哈姆雷特，真正的答案一定来自读者自己的思考和领悟。如果现在非要让我说一句的话，那么我想说的是：这场疫情告诉我们，中国社会最值得我们珍爱的，是社会主义社会以人民为中心的立场；中国社会最需要继续加强的，正是社会主义民主法治的方法。

就在我写下这些文字的此刻，新冠肺炎疫情依然还在全球肆虐，人类社会依然还处在抗疫的苦战之中。然而，无论疫情如何肆虐，灾难终将成为过去，生活必将重新出发，而我与这个世界的对话，也必将继续进行下去。《我们的社会主义》是我的第二部对话体作品，但一定不会是我的最后一部。

刘哲昕

2020年5月1日于上海浦东

1

对于社会主义本质的认识，很大程度上取决于这个社会如何看待资本，如何对待资本。石库门的兴起，与旧上海的资本主义有着千丝万缕的关系；石库门的衰败，则是因为“文化大革命”时期的人们千方百计想要打倒资本主义；而新天地石库门的复活，同样也与资本有着千丝万缕的关系。

2020年元旦下午，我和小梅从上海兴业路76号的中共一大会址纪念馆步出，来到了新天地休闲文化街区。一条窄窄的兴业路，将这个上海滩最负盛名的酒吧区分为“南里”和“北里”两个石库门街坊。中共一大会址纪念馆就坐落在“南里”和“北里”之间，被洋气十足的新天地酒吧区紧紧地包围着。元旦假期，一大会址纪念馆内游人如织，尽管已是午后时分，馆外依然还有许多人在有序地排着长队，等待入馆参观。

▷**小梅：**叔叔，没想到一大会址纪念馆原来这么火，元旦放假期间，居然还有这么多人在排队参观。

▶**我：**我也没想到会有这么多人。不过，这里一直就是著名的红色旅游“打卡地”，也可以说是中国共产党的圣地。很多人正是利用元旦假期，带着孩子来接受教育的——刚才我们不就看到很多父母带着自己的孩子在参观吗？

▷**小梅：**叔叔，刚才在里面参观的时候，我其实有很多的感触，也有很多的疑问，几次想开口请教您。结果呢，思绪万千，张口忘言，一时又不知道自己该问些什么。

▶**我（笑）：**没事的，小梅，有什么问题你就尽管问好了。

链 接

中共一大会址

中国共产党第一次全国代表大会会址纪念馆，简称中共一大会址，位于上海市兴业路76号（原望志路106号），是一幢沿街砖木结构旧式石库门住宅建筑，建于1920年秋，坐北朝南，外墙青红砖交错，镶嵌白色粉线，门楣有矾红色雕花，黑漆大门上配铜环，门框围以米黄色石条。建成后不久，李汉俊与其兄李书城租用望志路106号、108号为寓所，将两幢房屋的内墙打通成一家，人称“李公馆”。1921年7月23日，来自全国各地的中国共产党早期组织代表李达、李汉俊、张国焘、刘仁静、毛泽东、何叔衡、董必武、陈潭秋、王尽美、邓恩铭、陈公博、周佛海、包惠僧以及共产国际代表马林等在这里秘密集会，召开中国共产党第一次全国代表大会。新中国成立后，为迎接建党30周年，经多方勘查，李达、董必武、包惠僧以及李书城夫人等多位历史当事人、见证人现场踏勘，确认兴业路76号为中共一大会址。

▷**小梅：**不好意思，叔叔，我这会儿还有点儿没反应过来呢，等我理清楚了思路，再来请教您吧。

▶**我：**好吧，随时欢迎。小梅，那咱们先到新天地的咖啡馆里坐下来吧。跟丹尼尔、余斌他们约好下午两点钟在那家咖啡馆见面，现在时间也快要到了。咖啡馆在新天地北里的那头，咱们刚好可以步行穿过去，顺便带你看看新天地的模样。

▷**小梅：**好的，叔叔。我们已经到新天地了吗？我好像一直没有看到大门什么的。

▶**我：**咱们现在已经在新天地里边了。新天地没有大门，也没有围栏，采用的是文化气氛自然过渡的设计理念。这种理念源自西方文化。小梅，你今年大四了，你应该知道的：国内的大学一般都有

中共一大会址纪念馆

大门和围栏，不过欧洲的大学往往不是这样的。比如牛津大学和剑桥大学，看上去就像一个英式小镇，各功能区之间有意识地模糊彼此的边界，以方便人们穿越不同的功能区进行沟通交流。我个人觉得，这种跨界融合的文化理念其实挺好的，因为生活本来就是浑然一体，不可分割的嘛！你发现了没有，一大会址与新天地酒吧区之间就没有什么明显的界限，所以不严格地说，一大会址其实就在新天地里边。

▷**小梅：**上海真是一个中西合璧的地方。您看这些房子的建筑风格，其实就有点儿中西合璧的感觉。

▶**我：**这就是著名的石库门建筑，看上去特别有上海滩的味道，这种建筑风格的确堪称中西合璧的结晶。

▷**小梅：**我挺喜欢这种建筑风格的。叔叔，我有个问题：为什么将这种建筑叫作“石库门”呢？

▶**我：**那得要从160年前的太平天国运动讲起了。当时，江南地区战乱不已，江浙一带的富商、地主和官绅纷纷举家涌入上海的租界寻求庇护，于是英国的房地产商乘机牟利，大量修建住宅。本来呢，英国人只是想参照伦敦市区的联排屋风格来设计住宅。然而，负责施工的浙江工匠却告诉外国设计师，英式联排屋不太符合中国人的生活方式和文化习惯：中国的住宅不能没有院子，没有院子就没有安全感；中国的住宅也不能没有堂屋，因为堂屋是大家庭的公共生活空间。于是，在外国设计师和中国工匠的联手创造下，石库门建筑诞生在了上海的租界——它的外表是英式的联排屋，内部则是江南民居三合院，典型的中西文化合璧的结晶。这种建筑最大的特色就在门上：用花岗岩做门框，用乌漆实心厚木做门扇，看上去似乎是江南民居的样式，门楣却是典型的欧洲巴洛克式大卷草。当然了，乱世之中，安全感才是最重要的。于是，这种用结实的花岗岩条石围束起来的大门就被渴望安全感的人们唤作“石箍门”。只不过宁波人把“箍”发音成“库”，才使得“石箍门”变成了“石库门”。

▷**小梅：**原来如此啊！看来当年能够住进石库门房子的，十有八九都是社会的精英。都说“一部近代史，半部在上海”，当年上海滩，多少风流人物你方唱罢我登场，这些石库门房子里，一定曾经发生过无数精彩的故事。

▶**我：** 可不是嘛！其中最精彩的故事，莫过于1921年中国共产党的诞生了。这个开天辟地的故事就发生在你刚才参观的那座石库门房子里——当年望志路106号的“树德里”，如今兴业路76号的中共一大会址纪念馆。除此之外，1920年的上海共产党早期组织，也是在一座著名的石库门房子“渔阳里”中成立的；而1922年的中共二大会议，同样还是在一座石库门房子“辅德里”中召开的。发生在上海滩石库门房子里的故事实在是太多了，等你考研考到上海以后，就可以去细细品味这座城市的红色文化了——如果你有兴趣的话。

链 接

老渔阳里2号

上海的南昌路和淮海中路之间有一片石库门建筑，被称作渔阳里。渔阳里有一条南北贯通的弄堂，一头连着淮海中路，一头连着南昌路，靠近淮海中路的街坊被称为新渔阳里，靠近南昌路的街坊被称为老渔阳里。新渔阳里诞生了中共第一个社会主义青年团机关，而老渔阳里2号，则被誉为中国共产主义运动的发祥地。老渔阳里始建于1912年，有砖木结构两层石库门楼房8幢，2号楼原为辛亥革命时期安徽都督柏文蔚的私宅，人称“柏公馆”。陈独秀曾任柏文蔚的都督府秘书长，两人交往甚深。1920年，陈独秀到上海后一度居无定所，柏文蔚便将这栋宅邸交由陈独秀一家居住。1920年6月，在陈独秀的主持下，中国第一个共产党组织——中共上海早期组织在老渔阳里2号成立，选举陈独秀为书记。这座寓所也是《新青年》杂志的编辑部、《共产党》月刊的编辑部、《劳动界》的编辑部。1921年8月，陈独秀从广州返回上海主持中央工作，这座寓所成为中共中央工作部的办公地，直到1923年。

▷**小梅：**我不要太有兴趣哦！叔叔，您有没有觉得上海真的是一座很神奇的城市——看上去是最先进的，却又是最革命的；看上去是最洋气的，却又是最接地气的；看上去是蓝色的，却又是红色的。

▶**我：**小梅，你的这几句话很辩证，也很有隐喻的色彩。其实，你有没有想过，也许正因为是最先进的，所以才是最革命的；正因为是最洋气的，所以才是最泥土的——因为远行的目的，其实就是为了更好地回家。我不知道你刚才参观一大会址的时候有没有注意到一个细节：参加中共一大会议的13名代表，没有一名是工人或农民，全部都是知识分子，其中9人具有大学学历，6人曾经留学日本，中共创始人陈独秀和李大钊则更是北京大学的知名教授。同理可证，中国共产党之所以会在上海诞生，与上海这座城市的最先进和最洋气也是有着必然的因果关系。

▷**小梅：**叔叔，说到中国共产党的诞生地，我突然想到一位老师曾经提到过的一个有点奇怪的观点。他说，其实严格来说，中国共产党的诞生地并不在上海，而应该在浙江的嘉兴。他的理由是：当年13个代表在上海开会的时候，还没有等到宣布党的成立，就被法租界的巡捕发现了，于是临时决定转移到距离上海大约100公里的浙江嘉兴继续开会。最后，在嘉兴南湖的红船上，代表们完成了大会的全部议程，宣告了中国共产党的诞生。所以，他认为中国共产党其实是在南湖的红船上呱呱坠地的，嘉兴才应该是中国共产党的真正诞生地。叔叔，您觉得这个观点有没有道理呢？

►**我（笑）：** 小梅，你考研的时候不是要考哲学吗？这位老师的观点就是属于典型的机械唯物主义，而不是真正的历史唯物主义。自从 1840 年鸦片战争之后，风云际会的上海很快就成为中国最发达、最先进的城市。到了 1920 年，上海已经拥有 229 万人口，是中国当之无愧的第一大城市，同时还拥有全国 1/4 以上的工人队伍——当时全国的工人大概有 194.6 万人，其中上海就有 51.4 万人。另一方面，五四运动之后，全国各地的先进知识分子都开始传播革命思想，但是无一例外地遭到了各地政府不同程度的压制。唯有上海由于租界林立，华洋杂居，政府控制不易，因此自然而然地成了中国先进知识分子集聚的思想高地。遥想上海当年，租界石库门房子的堂屋中，不知道有多少的革命者在秘密聚会；二楼拐角的亭子间里，又不知有多少的“沪漂族”正在奋笔疾书——以至于“亭子间文学”居然成了中国文学史上的一个知名流派。具体到建

南陈北李，相约建党

党的问题，事情就更加清晰了：五四运动之后，陈独秀被北洋政府逮捕入狱，被释放后依然遭到了严密监视，随时有可能被再次逮捕。眼看陈独秀在北京是待不下去了，于是李大钊建议他到上海去，并亲自驾着一辆骡车连夜将他护送出京。在旅途中，两位志同道合的革命者认真讨论了在中国建立共产党的事宜，从而为后世留下了一段佳话——“南陈北李，相约建党”。

▷**小梅：**南陈北李，相约建党。叔叔，如此看来，上海最终成为革命者聚集的地方，的确是有其必然性的——去了上海的陈独秀后来成为中国共产党的领导，而留在北京的李大钊后来被北洋军阀杀害了。

▶**我：**是的，小梅，你知道吗，除了中国共产党的诞生，上海还拥有中国革命史上的许多“第一”：中国的第一个共产党组织——上海共产党早期组织；中国的第一个社会主义青年团组织——上海社会主义青年团；中国共产党领导全国工人运动的第一个总机关——中国劳动组合书记部；中国共产党第一所培养妇女干部的学校——平民女校。可以说，上海的红色基因是渗透在这座城市的血脉之中的。因此，当革命者相约正式建党的时候，选择在上海召开会议，几乎就成了一种不假思索的决定。而当会议被法租界巡捕房发现并决定转移的时候，由于当时负责后勤工作的王会悟刚好是浙江桐乡人，因此便提议到自己家乡附近的嘉兴南湖继续开会，这才有了南湖红船的故事。小梅，历史不能假设，但是有必然性与偶然性之分。完全可以想象的是，如果当时的王会悟不是桐乡人，而是苏州人，也许一大最后两天的会议就要转移到苏州的太湖上去了。由此可见，中国共产党在上海诞生，几乎是一种历史的必然性；至于会议的最后两天转移到了嘉兴南湖，则基本上是一种历史的偶然性。写史之人，当然要写出历史的必然性；而读史之人，自然也应该读出历史的必然性——这才叫作真正的历史唯物主义。话说回来，其实出现这种争论本来就很不应该，必然性和偶然性都有其历史意义，上海的石库门与南湖的红船本来就是一个有机统一的整体，又何必人为地将二者割裂开来呢？

▷**小梅：**叔叔，我完全赞同您的观点。您今天真是给我上了一堂生动的党史课。我现在知道了，学习历史，首先要有正确的历史观。

▶**我：**没错，历史观。中国人治史，还有一个很重要的历史观，那就是“古为今用”——比如中国最重要的史书《资治通鉴》。有些人担心：强调“古为今用”，会不会把历史当成了任人打扮的小姑娘？其实不然。从科学上看，这个世界上最早的历史，不是写在书上的，而是记忆在脑子里的。生物学家认为，最初的动物神经之所以会进化出记忆功能，其动力就在于为自己的未来服务——如果你记不住伤害过你的天敌的模样，下次再遇见它的时候，你还是会受到伤害，甚至还有可能被吃掉。所以，小梅，学习历史的真正意义，其实不是为了纠缠历史，而是为了更好地反思现在，更好地观照未来。要知道，这个世界上曾经成立过无数的组织，上海的石库门房子里也一定曾经召开过无数的“一大”。然而，“滚滚长江东逝水，浪花淘尽英雄”，绝大多数的组织由于种种原因，最终都湮没在了历史的烟尘之中，它们的“一大”最终也就失去了让历史记住它们的价值。所以啊，从这个意义上讲，中共一大的伟大不言而喻，但同样真正称得上伟大的，是中国共产党在接下来的 28 年革命斗争中的坚守和牺牲，是新中国成立 70 多年以来的努力和探索。换句话说，如果今天的中国共产党失去了当年建党的初心，不再全心全意为人民服务了，共产党人曾经的热血和辉煌最终都将沦为“其兴也勃焉，其亡也忽焉”的历史笑柄，最多也只是成为后人哀之且鉴之的历史素材罢了。

▷**小梅：**嗯嗯，我明白了。听您这么一说，我就更加能够理解刚才在纪念馆里看到的董必武先生的那句题词了——“作始也简，将毕也钜”。叔叔，新天地真的好漂亮，您看这些石库门房子，都已经有 100 多年的历史了，居然还这么精致、这么典雅。

▶**我：**小梅，这些石库门房子伴随着近现代中国的兴衰轮回，见证了无数的历史风雨，其实并不是一直都这么精致、这么典雅的。

▷**小梅：**哦，这么说这些石库门房子也曾经衰败过？

▶**我：**是的，在石库门的百年历史上，曾经经历过两次衰败。第一次衰败，是 1937 年日本侵华战争造成的。当时，日军的侵略使许多住在石库门房子里的中产阶级逃难去了内地，无奈留下的人断了经济来源，只好出租一部分居住空间以养家糊口。“八一三事变”之后，日军飞机轰炸上海，“华界”的上海市民纷纷逃进租界避难。这些难民需要栖身之地，然而经济十分拮据。为了降低租金，从事房屋租赁中介的“黄牛”就鼓动石库门的房东把大房间隔成小房间，把小房间隔成“鸽子笼”，以便尽可能地住进更多的人。曾经精致典雅的石库门房子就这样被肢解成了“72 家房客”，曾经清净整洁的石库门弄堂也就逐渐沦落成了上海底层老百姓市井生活的混杂世界，石库门逐渐走向了衰败。

▷**小梅：**唉，“国破山河在，城春草木深”。国家蒙难，城市必然凋敝，民众也就必然要受苦了。

▶**我：**石库门的第二次衰败，则是 1966 年开始的“文化大革命”造成的。在这 10 年里，一批又一批高喊着“破旧立新”政治口号的红卫兵冲进了石库门里弄，将石库门所有的西式雕塑和中式图案一概斥为“封、资、修”，全部予以铲除、砸毁，石库门门头上的巴洛克式大卷草则更是遭了殃。接下来，就是一次又一次的“抢房风潮”。造反派霸占了石库门房子的大房间，勒令房东一家搬到阁楼去住。许多住房困难户就这样通过“革命”手段改善了自己的住房条件，搬到了中心城区，加入了石库门“72 家房客”的行列。在“文化大革命”时期，上海共发生了 3 次“抢房风潮”，对石库门造成了毁灭性的破坏，石库门文化就此彻底走向衰败。

▷**小梅：**天哪，当时怎么会这样？一点也不尊重产权。我们这代人没有经历过“文化大革命”，没有什么切身体会。不过，从常理上来说，虽然一个社会贫富差距太大总是不太好的事儿，但是像“文化大革命”这样毫无产权意识，强行搞平均主义肯定也是一场灾难。叔叔，当时那些人究竟是怎么想的？是不是认为只有这样“劫富济贫”才叫作社会主义？

▶**我：**小梅，你说得很对。“文化大革命”的发生，当然还有许多深层次的原因，不过对社会主义的认识错误，的确算得上是一个十分重要的因素。

▷**小梅：**叔叔，那等您有空的时候，给我好好讲讲什么叫“社会主义”，什么叫“资本主义”吧。不瞒您说，关于这个问题，我在大学期间思考了好久，有时候似乎想明白了，但是转眼就又糊涂了。

▶**我：**好的，小梅。你的本科专业是“经济与金融”，学的就是资本市场运作，我早就知道你会产生这些困惑的。你还记得吗，当年你刚入学的时候，叔叔就跟你说过，先学好学校的专业课，等到合适的时候，叔叔会为你作些必要的补充和调整的。如今你已经参加了研究生入学考试，对很多问题都有了自己的思考。既然有了困惑，说明现在应该正是时候了。

▷**小梅：**太好了，叔叔，我也一直等着这一天呢！说实话，当年您跟我说这句话的时候，我还有点糊里糊涂的，不知道您为什么要这么说。现在我才知道，原来您早就预判到了我的思想轨迹。

▶**我：**小梅，这不是因为叔叔未卜先知，而是因为你的这个困惑，其实也是这个社会和这个时代共同面临的困惑。不正面解决这个根本性问题，我们就不知道自己是谁，这个社会也就不知道自己应该往哪里去。你看，新天地的这些石库门房子之所以能够再次复活，重新变得如此精致、如此典雅，其实也跟这个问题有着千丝万缕的关系。

▷**小梅：**哦，为什么这样说呢？

▶**我：**从某种意义上说，对于社会主义本质的认识，很大程度上取决于这个社会究竟是如何看待资本，又是如何对待资本的。石库门的兴起，与旧上海的资本主义的确有着千丝万缕的关系；石库门的衰败，则是因为“文化大革命”时期的人们千方百计想要打倒资本主义；而新天地石库门的复活，同样也与资本有着千丝万缕的关系。20 世纪 90 年代末，上海市政府计划修缮中共一大会址纪念馆，为了营造 1921 年建党时的历史环境，决定保留纪念馆前后两个石库门旧街坊。不过具体应

上海新天地里的咖啡馆

该怎么改造，政府并没有这方面的经验，也不是干这活的。于是，为了引入国际先进的城市建设理念，当时的卢湾区政府决定将石库门街坊的开发权授予一家香港的房地产开发商。这家公司建议，不拆除老房子，对旧建筑的外表“整旧如旧”，内部则进行彻底的现代化改造，变居住功能为商业功能，变私人空间为公共空间，从而探索出了石库门房子的复活之路。小梅，你发现了吗，正是因为当时的政府合理地利用了资本，有效地发挥了资本的作用，才使得我们今天能够以这种方式重新品味到石库门的精致与典雅，重新触摸到石库门的历史与未来。

▷**小梅：**资本，资本！没错，我这些年最纠结的问题，正是与资本有关。叔叔，什么叫资本？这个社会究竟应该怎样正确看待资本？或者，我问得更直白点吧——什么叫社会主义？什么叫资本主义？资本主义与社会主义，究竟哪个更好呢？

▶**我（笑）：**小梅，你的脑袋里现在一定充满了无数的问号，我也很想现在就回答你。不过呢，咖啡馆已经到了，咱们还是先进去坐下来，然后再慢慢聊吧。距离约定的时间差不多了，我们的朋友估计也快要到了吧。

2

如果一个社会是由精英与平民两个群体构成的话，那么精英群体大致上又可以分为 3 种类型：政治、资本、知识。共识乃是结盟的前提，也是结盟的纽带；没有共识，就没有信任，政治与知识之间的结盟就不可能真正形成。

我和小梅步入咖啡馆，浓郁的咖啡香弥散在馆内的空气之中，咖啡桌旁三三两两地散坐着不少人。我和小梅刚刚走近吧台，就有两个人分别从两个不同的位置站起身来，边举手示意，边向我们走了过来。我定睛一看，正是丹尼尔和余斌，原来他们都已经先到了。

▶**我：**嗨，丹尼尔先生，余斌老同学，原来你们都已经先到了，我和小梅还在外面逛了好一会儿呢，抱歉让你们久等了。对了，你们两位也彼此不认识的，我来为你们相互介绍一下吧。余斌，这位就是我跟你提起过的丹尼尔先生，他是我去年春节的时候在汶川认识的朋友，也是一家国际公益组织的负责人。丹尼尔是个中国通，中文讲得可好了。丹尼尔先生，这位是余斌，我大学时代的老同学，现在是上海一家著名律师事务所的高级合伙人，专门从事与金融、资本有关的非讼业务。对了，这位是小梅，小梅正在云南读大学，这两天正好在上海。小梅，这位是丹尼尔先生，这位就是余斌叔叔。

▷**丹尼尔：**余斌先生，幸会，幸会！小梅同学，新年好！

▷**余斌：**丹尼尔先生中文这么好啊！幸会，幸会！小梅同学，新年好，终于见到你了！

▷**小梅：**余叔叔好！丹尼尔先生新年好！

▶**我：**要不咱们先找个位置坐下来，边喝咖啡边聊吧。

▷**余斌：**好的，你们先去坐下来，我去帮你们点杯咖啡。

▷**小梅：**余叔叔，我来帮忙。

余斌和小梅为我们每个人端来了一杯咖啡。4个人在一张靠窗的咖啡桌旁坐下，借着窗外慵懒的阳光，边喝着咖啡，边聊天。

▷**丹尼尔：**小梅，让我先猜猜看——如果我没有猜错的话，你一定也是刘教授的少数民族孩子吧？

▷**小梅：**是的，丹尼尔先生，你是怎么知道的？

▷**丹尼尔（笑）：**因为2019年春节我在汶川见到过阿依古丽和求吉卓玛，所以一猜就猜出来了。

▷**小梅：**哇，我都还没见过这两位小妹妹呢。我知道阿依古丽正在浙江的内高班学习，距离上海不算太远，叔叔已经答应要带我去看她了。

▶**我：**小梅是彝族的孩子，从小在云南的大山里长大。我不知道你们有没有去过大山：当年小梅从家里到乡上读小学，要在每周一的凌晨出发，然后打着火把走上6个小时的山路，才能走到学校；即便是到了乡上，如果想要到县城，还需要颠簸上至少5个小时；而他们的那个小县城，本身就已经是云南最偏僻的地方之一。

▷**丹尼尔：** Oh，My God！

▶**我（笑）：** 丹尼尔先生今天这么快就说英文了。虽然学习条件十分艰苦，但是小梅十分懂事，也十分刻苦，不仅考上了大学，而且成绩十分优秀，上个月刚刚参加了硕士研究生入学考试。她的本科专业是经济与金融，研究生阶段准备转到法学院攻读经济法专业。高考的时候，小梅与上海错过了缘分；这次我希望她能够考到上海来，因此就利用元旦假期把她接了过来，先熟悉一下学校环境，见见我的几位朋友。余斌是我的老同学，又是一位熟悉金融和资本业务的大律师，我就想让小梅到他的律所里去长长见识，所以约好了今天下午在新天地见面。无巧不成书，丹尼尔先生路过上海，也联系了我，而且只有今天下午有时间，所以我就择日不如撞日，把大家都约到了一块儿，一起来新天地喝杯咖啡，过新年，叙旧情，同时也互相认识一下。

▷**丹尼尔：** 刘教授，2019 年春节咱们在映秀书院的那场炉边夜话，给我留下了十分深刻的印象。离开汶川后，我就特别希望能有机会再见到您。刚好，这次出差需要经过上海，所以我就马上跟您联系了，希望我的冒昧举动没有打扰到您。

▶**我：** 十分欢迎，丹尼尔，我们都已经是好朋友了。

▷**余斌：** 小梅，怎么样，这两天在上海还习惯吧？今天刘叔叔都带你参观了些什么地方呢？

▷**小梅：** 今天下午叔叔带我去参观了中共一大会址纪念馆，

然后就来到新天地看这些石库门建筑。叔叔从石库门的兴起，讲到了石库门的衰败，又讲到了石库门的复活。刚才进来之前，我们正从石库门跌宕起伏的历史命运，谈到了这个社会应该如何对待资本，谈到了资本主义与社会主义的区别。不过，还没来得及展开讨论呢，就走到了咖啡馆，然后就见到你们了。

▷**丹尼尔：**哇，资本主义与社会主义的区别，这可真是个有意思的话题。刘教授，我有个很有趣的问题，不知道能不能向您请教呢？

▶**我：**什么问题那么有趣？说来听听。

▷**丹尼尔：**刘教授，您看这新天地酒吧林立，灯红酒绿的，算不算是我们西方资本主义的东西呢？我知道中国一贯主张自己搞的是社会主义，可是贵党的诞生地现在居然就在新天地这种资本主义的东西里头，您说这是不是有点戏剧性呢？

▶**我（笑）：**丹尼尔先生，您已经不是第一个问这个问题的西方朋友了。2001 年，新天地旧街坊改造完毕，以全新的姿态惊艳登场。在中共一大会址纪念馆的中外记者招待会上，西方媒体记者提问最多的，就是新天地与中共一大会址的关系问题。有位西方记者咄咄逼人地向当时的纪念馆馆长倪兴祥发问："你不觉得贵党的圣地已经被我们资本主义的东西所包围了吗？"倪馆长的回应可谓精彩绝伦，他说："我不认同你的看法。新天地是中国改革开放的象征，是城市现代化的标志。因此，与其说我们党的圣地已经被资本主义的东西所包围了，不如说我们党的圣地正在被改革开放的成果所簇拥着。"

▷**小梅：**哇，这位馆长的回应可真是精妙绝伦啊！

▷**余斌：**结棍，结棍，这个馆长的回答老结棍！

▷**小梅：**“结棍”是什么意思？

►**我（笑）：**就是上海话“厉害”的意思。倪馆长的这段回答的确精彩绝伦，虽然时间都过去快20年了，这段对话依然深深地留在我的脑海里。

▷**丹尼尔：**好吧，我承认这位馆长的回答很机智，但是这并不能解答我刚才的问题。就算贵党的圣地是被改革开放的成果所簇拥着，难道这些改革开放的成果就不是资本主义的东西了吗？照我看，这位馆长的说法不过是换汤不换药罢了。

►**我（笑）：**丹尼尔先生今天很犀利啊。我猜您大概是因为客气，所以才说“换汤不换药”的吧？如果不客气的话，是不是应该说“挂羊头卖狗肉”呢？

▷**丹尼尔（笑）：**因为我知道您是一个实事求是的人，所以才不跟您绕圈子的。没错，要是再犀利一点，我的确很想说，这不是挂羊头卖狗肉吗？您想想，中国的改革开放，说白了，不就是学习我们西方资本主义的东西吗？

▷**余斌：**不好意思啊，老同学，我想支持一下丹尼尔先生。在我看来，中国改革开放40多年，的确就是一个不断学习西方先进事物的过程。从市场经济到民主法治，从资本市场到律师行业，所有这些东西难道不都是西方资本主义社会的看家本领吗？凭什么在西方就是资本主义，到了中国就不是资本主义了？这有点儿说不通啊。

股民在证券营业部内关注股市行情

▷**小梅：**余叔叔，那会不会是因为我们在前面加上了一个“社会主义”前缀的缘故？比如说，社会主义市场经济、社会主义民主法治等。

▷**余斌：**可是，小梅，这种前缀的意义究竟在哪里呢？我是搞金融和资本业务的律师，天天接触资本市场。你看沪市、深市每天明晃晃地开盘交易，各种资本力量在市场里博弈厮杀。而我的那些客户呢，一心想的就是如何路演，如何上市，如何融资。小梅，市场经济、资本市场这些东西本来就是资本主义的，即便你在前面挂一个“社会主义”的前缀，那也不过是个幌子而已，实质问题是不会改变的——丹尼尔说这是“挂羊头卖狗肉”，我说这应该叫作“打左灯向右转”。

▷**小梅：**叔叔，这也正是我这些年来的困惑，一直在我心中萦绕不去。我曾经尝试着向老师请教，结果他们私底下的说法，几乎和余斌叔叔刚才说的一模一样；我又尝试着和同学交流，结果他们都说我吃饱了撑的，研究这么“无聊”的问题。可是，叔叔，政治经济学的说法和西方经济学的逻辑明显发生冲突了，我真的不知道该怎么说服自己。

▷**丹尼尔：**刘教授，看来这不是我一个人的看法哦！您看，连你们中国人自己也是这么认为的呢。

▶**我（笑）：**好吧，丹尼尔，你们的观点似乎惊人的一致，看来这个问题我今天不回答都不行了。不过，在回答问题之前，我有一个小小的疑问，想要问一下小梅。

▷**小梅：**问我？

▶**我：**是的，问你。丹尼尔先生和余斌叔叔都有着十分丰富的人生阅历，他们产生这样的观点，我一点都不觉得奇怪。可是，小梅，你还是一名大学生，我有点不明白的是：既然你的老师都已经告诉你答案了，为什么你还要在这个问题上自我挣扎呢？究竟是什么在你的内心里阻止了你全盘接受老师的观点呢？

▷**小梅：**因为您啊，叔叔！

▶**我：**哦，因为我？

▷**小梅：**是的，叔叔。其实这种内心的抗拒从我学习西方经济学的时候就已经开始了。您知道的，西方经济学的逻辑起点，就是“经济人”的假设，也就是自私且理性的个人。可以说，整个西方古典经济学的大厦都是建立在这个假设基础之上的。有时候我会觉得，这个假设好像也没有错；可是有时候我又会质疑：这个假设真的没有错吗？人的本性就一定是自私的吗？如果人性真的都是自私的，那么为什么叔叔与我们并没有任何血缘关系，却要千里万里地从上海的繁华都市来到云南的穷乡僻壤，将我们这些大山的孩子一点一点地拉扯长大呢？叔叔，其实关于社会主义和资本主义的问题，我在理智上并没有找到反驳老师的理由；然而在情感上，我却总是顽固地认为，社会主义的论述似乎更加温暖，也更加能够回应您从小就留在我心中的那抹挥之不去的阳光。没错，叔叔，是我的情感在抗拒着我的理智，是我的直觉在抗拒着我的知识。

▶**我：**谢谢你，小梅！你能够这么想，叔叔的心里真的很温暖。叔叔答应你，今天一定要从理智和知识上帮助你解决掉这个困惑，绝对不让你在这个问题上继续自我冲突下去了。

▷**小梅：**谢谢您，叔叔，我相信您一定可以做到的。您什么事情都可以做到的——我从小就坚信这一点。

▷**丹尼尔：**不行，不行，刘教授，我又要被你们感动到了。你们总是这样，还没有从理智上解决问题，就先从情感上把我解决掉了。

▶**我：**好吧，丹尼尔，那我们就少谈感情，多谈理智。今天我要正面回答您的问题：什么叫社会主义？什么叫资本主义？当代中国究竟是在走社会主义道路，还是在走资本主义道路？社会主义与资本主义，究竟哪个更好？

▷**丹尼尔：**太好了，我愿意洗耳恭听。

▷**余斌：**愿闻其详，期待万分。

▶**我：**关于社会主义和资本主义的问题，这个世界上有很多理论，官方的、民间的，中国的、外国的，过去的、现在的。然而，随着时代的不断变迁，关于这方面的困惑似乎不是变得更少了，而是变得更多了。马克思有句名言："理论只要说服人，就能够掌握群众，而理论只要彻底，就能说服人。"既然还有困惑，就说明还没有说服人；既然还没有说服人，就说明这些理论都还不够彻底。

▷**小梅：**这句话是马克思在《黑格尔法哲学批判》的导言中说的，说得很自信，也很霸气——不过我喜欢。

▶**我：**是的，我也特别喜欢马克思的这句话。在我看来，所有的理论工作者都应该把这句话当成自己的座右铭。一个人从事理论工作，一定要有面对一切质疑和挑战的勇气，绝不能孤芳自赏，更不能自欺欺人。真正的理论，一定是在辩论和斗争中展现出自己的真理光芒，任何没有经过辩论和斗争的理论，其实都称不上是真正的理论。

▷**丹尼尔：**刘教授，我就特别欣赏您这种实事求是的态度，去年春节在汶川的时候，我就已经见识过了。

▶**我：**谢谢丹尼尔的肯定。改革开放之后，中国引进了西方的市场经济，又搞了多层次的资本市场，所以有人说，今天的中国社会早就不是社会主义了，而是资本主义了，最多也只是国家资本主义。还有人说，都说社会主义是以公有制为主体的，那么公有制经济究竟应该占 GDP 总量的多少比例，才算是

“以公有制为主体”呢？是 51% 吗？如果是这样，那么对不起，中国早就是资本主义了，因为现在中国的民营经济早就已经占据中国 GDP 总量的 60% 以上了，而且从趋势上看，未来这个比例还会越来越大。

▷**余斌：**的确如此。关于民营经济对中国的贡献，有一串很好记的数字，叫“56789”——50% 以上的税收，60% 以上的 GDP，70% 以上的技术创新成果，80% 以上的城镇劳动就业，90% 以上的企业数量。民营经济确实更有活力——关于这点，我在做资本业务的时候，感受是很深的。

▶**我：**是的，民营经济的发展和外资经济的引入，的确是中国改革开放的巨大成就之一。不仅如此，由于民营经济和外资经济的存在与竞争，还倒逼了国有经济的改革与发展，让国有经济获得新生，从而形成了当代中国“三驾马车”的基本经济格局。然而，也正因如此，这个时代不可避免地产生了中国社会究竟是“姓社”还是“姓资”的问题与争论。

▷**丹尼尔：**那么，刘教授，您对此有何高见呢？

▶**我：**今天，我想从一个特别的视角切入，或者说，想要借助一个特别的理论模型，来跟你们一起探讨：究竟什么叫社会主义？什么叫资本主义？

▷**丹尼尔：**特别的视角？什么特别的视角？

▶**我：**资本与政治的关系视角。

▷**丹尼尔：**资本与政治？

▶**我：**是的，丹尼尔先生，请允许我先拉开一点讲。在我的理解中，一个社会是由精英和平民这两个群体共同构成的。可能有些人会认为，在政治学研究中提起“精英”这个词，好像有点政治不正确。其实在我看来，故意避开“精英”这个词，才是一种不实事求是的态度。几年前，我写过一本书，书名就叫作《精英与平民》。记得在出版社讨论书稿的时候，有位编辑很犀利地问我：“刘教授，什么叫精英？什么叫平民？您能定义得清楚吗？跟马云比，我们都是穷人；可是跟乞丐比，我们又都是富人。所以，官究竟要做到多大，钱究竟要赚到多少，才算是精英呢？”

▷**余斌：**这话好像有点道理呀，你当时是怎么回答的呢？

▶**我：**我说：“精英与平民是一对矛盾范畴，也是一对社会关系。就像穷和富，虽然你很难界定一个人究竟有多少钱才算是一个富人，但是这并不会妨碍穷和富这对矛盾范畴本身的成立，也不会妨碍我们运用这对矛盾范畴来分析和解决社会问题。同理可证，虽然我们也很难界定精英与平民的精确边界，但是这并不会妨碍这对矛盾范畴本身的成立，也不会妨碍我们运用这对矛盾范畴来分析和解决社会问题。”

▷**余斌：**这个回答在理。将精英与平民抽象成了一对矛盾范畴，就不会受制于注定模糊的边界问题，我们也就可以把这对矛盾范畴作为分析问题和解决问题的工具了。

▶**我：**没错，精英与平民本来就是相对的，这恰恰是辩证唯物主义的真义所在。如果非要在这个问题上求一个精确的绝对值，反而是一种机械唯物主义的表现。一个社会分为精英与平民，其实是很自然，也很科学的一件事。柏拉图在《理想国》中有句名言："当一个国家最最像一个人的时候，它是管理得最好的国家。"现代系统科学已经印证了柏拉图的这一哲学论断。系统科学认为，世界上最高级的系统就是人的生命系统，所有其他系统，包括社会系统在内，都在朝着这个方向进化。系统科学还认为，一个系统越高级，其内部的差别化与层次性就越明显；一个系统越低级，其内部的差别化与层次性就越不明显——一只蚯蚓如果从中间被斩断了，两头都还能活着，那是因为蚯蚓本身是一种十分低级的环节动物，它的身体两头并没有太大的差别。可是一个人如果从中间被斩断了，那

链 接

柏拉图与《理想国》

柏拉图（公元前 427 年—公元前 347 年），古希腊最伟大的哲学家之一，他是苏格拉底的学生，也是亚里士多德的老师。柏拉图著有对话体著作 25 篇，除了最晚的《法律篇》之外，其余 24 篇的对话主角均为苏格拉底，事实上是以这种方式表达对老师的尊敬与感怀。在柏拉图的所有对话体著作中，《理想国》的影响最为深远。其故事场景是：苏格拉底到比雷埃夫斯港参加女神献祭活动，归途时被玻勒马霍斯邀往家中，于是宾主展开了一场关于正义和国家治理的大讨论。柏拉图通过谈话者的辩论，提出正义应该是包括被统治者在内的国家全体公民的利益，而只有实现哲学家的统治，才能构建出真正的理想国。哲学家卡尔·波普评价道："柏拉图著作的影响（无论好坏）是无法估量的，人们可以说，西方的思想是柏拉图的，或者是反柏拉图的；但是任何时候都不能说是非柏拉图的。"

可就活不下去了，因为人的生命系统内部的差别化与层次性太明显了。所以，从系统科学的角度来看，既然一个人的生命系统可以分为大脑和身体，那么将一个社会系统分为精英与平民，又有什么奇怪的呢？

▷**丹尼尔：**没错，这在科学上是完全讲得通的。

▶**我：**一个社会本来就是一座金字塔，塔尖的是精英，塔基的是平民。我们不可能改变精英与平民的结构，我们只可能改变精英与平民的关系——是统一的关系，还是断裂的关系？革命是精英与平民的断裂，民主是精英与平民的统一。大脑和身体最可怕的不是差别，而是断裂；精英与平民最可怕的也不是差别，而是断裂。

▷**丹尼尔：**等等，刘教授，您刚才谈到了民主。您说革命是精英与平民的断裂，民主是精英与平民的统一。这个定义很新颖，我过去从来没有听说过。

▶**我：**是的，我的确是这么认为的。民主并非一个一元化的命题，而是一个对立统一的矛盾，民主就是精英与平民的对立统一。一个金字塔，注定不可能塔尖在下，塔基在上；一个社会，也注定要由精英来领导平民。也许有人要问了，不是有民主吗？其实，民主并不意味着要把金字塔颠倒过来，让平民来领导精英，而是要让平民拥有一种倒逼精英为自己服务的手段。从这个意义上说，一个社会不管采用什么方法，只要能够让平民拥有倒逼精英为自己服务的可靠的制度安排，就可以称得上是民主的。否则，就不能算是民主的。

▷**丹尼尔：**刘教授，这是对民主的一种新解，我过去从来没有听说过。不过，我居然马上同意了你的观点。没错，民主的确就是一种倒逼机制。你看美国大选再怎么热闹，最后还不是要选出一个总统来？国家大事最后还不是由这班精英说了算？想来想去，人民唯一能够牵制和威慑他们的，基本上也就是 4 年一次的投票权了。说白了，的确也就是一个倒逼机制罢了。

►**我：**丹尼尔先生，以我对您的了解，接下来估计您就要追问我关于民主的问题了。不过，我今天不想跑题太远，关于民主的问题，咱们后面找机会再聊。现在，还是转回到今天的主题上来。在我看来，如果一个社会是由精英与平民两个群体构成的话，那么精英群体大致上又可以分为 3 种类型：政治精英、资本精英、知识精英。

▷**余斌：**政治、资本、知识。嗯，蛮有道理的，一个有权，一个有钱，一个有知识，一个社会的权力的确是由这 3 种精英掌握的。

▷**小梅：**知识精英的提法，让我想到了培根的一句名言：Knowledge is power——知识就是力量。

▷**丹尼尔：**小梅，英文中的“power”，其实也可以理解为“权力”。因此，培根的这句话，也可以翻译成“知识就是权力”。

►**我：**丹尼尔说得没错。不过在中国，知识究竟是不是权力，那还得看是在什么时代了。

▷**丹尼尔：**哦，为什么这样说呢？

►**我：**一言难尽。关于知识精英在中国的际遇，那是 3 天 3 夜也说不完的事。以后如果有机会，我们再来专门讨论这个问题。这会儿要是打开话匣子，怕是要跑题跑到回不来了。

▷**丹尼尔：**刘教授，我怎么觉得关于这件事您好像有很多话要说。可是，您越是这样卖关子，我就越是好奇得不行。这样吧，干脆您现在就先说几句，然后我们就继续讨论今天的主题，怎么样？

►**我：**好吧，那我就随便说几句。刚才您说，知识就是权力，令我不由心生感慨。在古代中国，知识的确就是权力。为什么这么说呢？因为中国有科举啊。自公元 607 年隋炀帝正式开科取士，到 1905 年清朝结束最后一科进士考试，科举制度在中国运行了近 1300 年之久。当时中国有句老话，叫作“非进士不入翰林，非翰林不入内阁”——一个人如果没有科举功名的话，那么官是铁定当不了的，最多只能当个吏。换句话说，在这 1300 年里，整个中国除了皇帝不是科举出身之外，自宰相以下，至县官以上，几乎所有的政治精英，都必须是由科举出身的读书人担任的。所以，丹尼尔先生，您说在古代中国，知识是不是就是权力？

▷**丹尼尔：**没错，在科举制度下的古代中国，知识的确就是权力。仔细想想真是不可思议，一个如此先进的制度居然运行了 1300 年之久，难怪古代的中国会遥遥领先于欧洲，领先于全世界了。

▶**我：** 其实中国知识分子主政的传统远远不止 1300 年。汉代时期的察举制，魏晋南北朝时期的九品中正制，本质上也是知识分子主政的制度安排。如此算来，“知识就是权力”这件事，在中国应该拥有 2000 年以上的历史。我把这种知识分子主政的制度传统，称为政治与知识的结盟，也就是政治精英与知识精英的有机统一。所以在那个时代，知识精英就是政治精英，政治精英就是知识精英，知识的确就是权力。

▷**余斌：** 科举真的是太伟大了。用企业管理的术语来说，科举制度就像是一个人才的质量认证体系——能够通过如此严格选拔的读书人，绝对都是才华横溢的；不仅如此，莘莘学子，十年寒窗，耳边除了风声和雨声，剩下的就是圣贤的谆谆

江南贡院内景

教导声。所以，那时候从政的读书人，说他们一声德才兼备，应该不过分吧。

▶**我：**才，是毋庸置疑的；德，则稍微复杂点，不过总体上也没有太大问题。科举有助于产生君子的原因有多方面，其中最重要的原因就是——相信。正所谓“朝为田舍郎，暮登天子堂”，一个寒门子弟，只要有才华，肯刻苦，把圣贤书的道理琢磨透了，就有可能通过考试一举登科，光宗耀祖。在这个鲤鱼跃龙门的过程中，他根本就不需要溜须拍马，也不需要行贿送礼——事实上，溜须拍马和行贿送礼这种肮脏事，在科举中那是连半点用也没有的。你们想想看，这种成功的路径依赖，又怎会不令他死心塌地地相信圣贤书的道理呢？当然了，等到他真正踏入官场之后，由于科举之上还有皇权，显规则之下还有潜规则，儒家之内还有法家，官僚之外还有宦官和外戚，事情的确又会变得复杂起来，这支队伍也会随之发生分化，一些有才无德之人开始逐渐背离初心。然而即便如此，由于整支队伍都是由读书人组成的，因此借用证券市场的一个术语来说，整个政治生态的基本面还是比较稳定的，说他们一声德才兼备，的确并不过分。

▷**丹尼尔：**刘教授，虽然您也就是简单地说了几句，但是我忽然意识到，科举的世界的确比我原先想象的还要复杂得多，有趣得多。我知道您不想跑题太久，不过我还是想问您一个问题：既然科举这么成功，既然政治与知识结盟的传统这么有效，那么为什么 1905 年中国要取消科举呢？为什么后来政治与知识又不再结盟了呢？

▶**我：**科举的成功与农业时代是密切相关的。在漫长的农业时代，现代科学体系尚未萌芽，少量经验性的科技知识还掌握在工匠手中。一个社会只要发展好农业，治理好农民，就基本上可以维持经济社会的稳定与发展了。因此，虽然一直都有“四体不勤、五谷不分”的尴尬，但是科举的人才储备基本上还是能够胜任农业社会的管理需求的。然而到了近代，西方社会实现了科学突破，人类社会进入了工业化时代。在西方坚船利炮的冲击下，中国的国门终于被打开了，古老的中国面临着三千年未有之大变局。对于当时的中国人来说，要想救国图强，就必须摆脱科举的束缚，大力发展科学技术。然而，不要说1300年的思维惯性是不可能自我革命的，即便那时候的科举想要与时俱进，把科学技术也纳入考试的范围，现代社会越来越细的专业分工所带来的标准不一，也会令其无所适从的——可以说，科举已经不适应时代的需要，它的确是应该被废除了。

▷**丹尼尔：**一个如此美丽的制度，居然也走到了自己的历史尽头。我作为一个外国人，听到这儿心里居然都有点伤感了。

▶**我：**科举时代的终结，导致传统人才选拔体系的彻底崩溃。这件事本身就已经够糟糕了，然而祸不单行的是，随着科举时代的终结，维系中国社会的弥足珍贵的政治共识也彻底崩溃了。古代中国政治与知识之所以能够结盟，就是因为双方都服膺于儒家的那套政治理论。共识乃是结盟的前提，也是结盟的纽带：共识进一步，自由就进一步，强制就退一步；没有共识，就没有信任，也就不可能会有真正的结盟。关于这个问题，我可以举个例子：明朝的时候，嘉靖皇帝躲进深宫修道，20多年不上朝，懒政惰政可谓到了极点。公元1566年，六品官户部主事海瑞上《治安疏》，痛骂嘉靖皇帝，说他是“嘉靖者，言家家皆净而无财用也”，又说“天下人不直陛下久矣”——老百姓早就看你不顺眼了。这还得了，居然敢骂皇帝！嘉靖气得把上疏都摔在地上，叫人赶紧把海瑞抓起来，不要让他跑掉了。结果旁边的人跟皇帝说：这个海瑞向来有愚名，自知上

链 接

海瑞与《治安疏》

海瑞（1514年—1587年），字汝贤，号刚峰，海南海口人，36岁乡试为举人，曾任淳安、兴国知县，隆庆年间任应天巡抚，后被罢官回乡；1585年被起复为南京都察院右都御史；1587年去世，赠太子少保，谥忠介。海瑞以刚直不阿、清正廉明著称于世。1566年，时任户部云南司主事的海瑞备死上《治安疏》，指斥朝政得失，言天下人所不敢言，其中一段这样写道：“陛下则锐精未久，妄念牵之而去矣。反刚明而错用之，谓长生可得，而一意玄修。富有四海不曰民之脂膏在是也，而侈兴土木。二十余年不视朝，纲纪弛矣。数行推广事例，名爵滥矣。二王不相见，人以为薄于父子。以猜疑诽谤戮辱臣下，人以为薄于君臣。乐西苑而不返宫，人以为薄于夫妇。天下吏贪将弱，民不聊生，水旱靡时，盗贼滋炽。自陛下登极初年亦有这，而未甚也。今赋役增常，万方则效。陛下破产礼佛日甚，室如县罄，十余年来极矣。天下因即陛下改元之号而臆之曰：‘嘉靖者，言家家皆净而无财用也。’”

疏必死，都已经买好棺材，跟妻子诀别，把家人遣散了，所以他是不会逃跑的。嘉靖默然，把《治安疏》捡起来再读，一会儿生气，一会儿感叹，最终还是没有杀掉海瑞。海瑞在大牢里蹲了 10 个月，一心等死。终于有一天，狱卒给他端来了酒菜。海瑞以为这是要送他上路呢，于是神色自若，吃了个痛快。结果狱卒跟他说：老皇帝驾崩了，你自由了，以后肯定还要受到重用呢。《明史》记载，海瑞听闻此语，“即大恸，尽呕出所饮食，陨绝于地，终夜哭声不绝。”原来这海瑞骂皇帝，根本就不是想要推翻他，而是真正的忠君爱国——关于这一点，海瑞的心里是清楚的，嘉靖的心里也是清楚的。什么叫作共识？这就叫作共识。这种心照不宣的共识，才是政治与知识得以结盟的重要前提。

▷**丹尼尔：**这个历史故事太感人了，也太引人深思了。刘教授，您说得很对——没有共识，就没有信任，也就不可能会有真正的结盟。

▶**我：**然而，1840 年鸦片战争之后，这份维持了 2000 多年的老共识终于还是被打破了，中国人也从此开始了寻找新共识的艰难历程。时至今日，政治与知识之间的这份新共识都还没有真正找到。今天许多知识精英心中真正服膺的，恐怕还是从西方舶来的那套政治理论——政治与知识之间断裂了。还是那句话：没有共识，就没有信任，政治与知识之间的结盟就不可能真正形成。政治与知识彼此断裂的破坏性其实远远超过了我们每个人的想象，这种破坏性必将弥散在社会肌体的每个细胞之中，其深层次的代价是不可估量的。

▷**余斌：**我完全同意这个判断。丹尼尔先生，所谓切肤之痛，不在其中，不知其苦。关于这点，西方朋友恐怕还不能完全真正理解。

▶**我：**关于知识与政治的关系，我们就先讨论到这儿吧，否则今天就真的跑题了。重申一下：今天咱们的主题是社会主义与资本主义的区别，我说过要从资本与政治的关系视角切入——结果呢，蜀国还没有和魏国开战呢，就先和吴国打起来了。接下来咱们还是言归正传，开始讨论资本与政治的关系吧。小梅，我看你还不太习惯喝咖啡，要不要叔叔帮你点一杯其他的饮料？

▷**余斌：**我去帮小梅点一杯热巧克力吧，你们坐着就行。不过，得先按一下暂停键，等我回来才可以继续聊。

▷**小梅：**谢谢余叔叔，放心，我们等您回来。

3

欧洲分裂的地缘政治使任何一个城邦或国家的政治都没有办法垄断式地控制资本；资本在政治的裂缝中流动、竞争、联合、垄断，最后终于形成了金融寡头垄断。回过头来一看，欧洲的政治居然还是分裂的。不用说，在资本与政治的博弈中，力量的天平开始向资本一方倾斜了。

余斌从吧台为小梅端来了一杯经典热巧克力。不知不觉间，咖啡馆里的人似乎比刚才更多了些。门外的开放式广场上，不知何时已经撑起了一把把欧式风情的户外遮阳伞，伞下的露天咖啡座上也已经有人在喝咖啡了。

▷**丹尼尔：**刘教授，现在咱们可以言归正传了。不过，我实在是有点好奇，为什么探讨社会主义和资本主义的区别，您却要从资本与政治的关系入手呢？

▶**我：**因为在我看来，当代社会资本与政治的关系，从某种意义上可以决定一个社会的性质；至少，也可以奠定一个社会性质的前提基础。

▷**丹尼尔：**有这么严重吗？

▶**我：**就是这么严重。不过，对于西方社会和中国社会来说，资本与政治之间的关系是不太一样的，甚至可以说是完全相反的。如果用一句话来表达，那就是：西方社会是资本在政治之上；中国社会是政治在资本之上。

▷**丹尼尔：**西方社会是资本在政治之上，中国社会是政治在资本之上。刘教授，您指的是谁的权力更大吧？

▶我：可以这么说。更准确地说，是指哪种力量占据了社会的主导地位。在西方社会，资本是社会的主导力量；而在中国社会，政治则是社会的主导力量。

▷丹尼尔：没错，好像的确是这么回事儿。可是，刘教授，这种差别真的影响很大吗？还有，为什么中国和西方会形成这种剧烈的反差呢？

▶我：这种差别当然影响很大了，后面您就会慢慢理解的。至于中国和西方为什么会形成这种剧烈的反差，那就要从中国和欧洲截然不同的地缘政治说起了。大家都知道，欧洲的地缘政治是长期分裂的——公元 476 年，西罗马帝国在蛮族的冲击之下最终灭亡，欧洲开始进入长达 1000 年的中世纪，分裂与战乱从此成为欧洲社会的主题。中世纪的欧洲究竟有多么分裂呢？我可以给大家一个概念。比方说，1618 年到 1648 年，欧洲发生了一场席卷全欧的大战——德意志三十年战争。经过 30 年的战争蹂躏之后，德意志地区被彻底撕成了碎片，在今天看来都不算大的德意志地区，竟然一口气出现了 360 个城邦，外加 1400 多个骑士领地，一共 1700 多个独立政权，许多小国大约只有几平方英里大小。尽管欧洲的其他地方不见得都分裂得像德意志这么厉害，然而以一斑窥全豹，我们也就大概知道整个欧洲地缘政治究竟有多么分裂了。

▷小梅：今天的德国总共也只有 35 万平方公里，当年居然会有 1700 多个独立政权，真是够分裂的了。其实，即便是到了现在，欧洲依然还有 44 个国家。虽然没有过去那么严重了，不过要是跟中国比较的话，的确可以说是一个分裂的大陆。

▷**丹尼尔：**其实我们西方人对此是熟视无睹的，从来就没觉得这种状态有什么不正常。直到自己开始学习中国历史之后，我才意识了中国和欧洲有多么的不一样。没错，同样是1000万平方公里左右的土地面积，与中国长期统一的地缘政治比起来，欧洲的确堪称一个分裂的大陆。至于中世纪时期，那就更别提了，整个欧洲不仅分裂得一塌糊涂，还打得一塌糊涂呢。

▶**我：**是的，分裂的地缘政治不仅给欧洲带来了激烈的竞争，还带来了残酷的战争，但是也为资本带来了意想不到的机会。美国历史学家保罗·肯尼迪在他的名著《大国的兴衰》中这样写道："基本事实是，在欧洲不存在一个可以有效地阻止这种或那种贸易发展的统一政权。即使别人在掠夺和驱逐商人的时候，欧洲总有一些王公和地方贵族愿意容忍商人及其行为方式。一个莱茵兰的男爵因对商旅过度征税而发现，商路改到别的地方，他的收益不翼而飞了。一个赖债的君主，在面临下一次战争威胁并急需资金去装备他的陆军和舰队时，很难再借到一笔贷款。"保罗·肯尼迪说得很对，常态化的竞争使得任何一个城邦或国家的政治精英都没有办法垄断式地控制资本；资本得以在政治的裂缝中流动，竞争，联合，垄断，最后终于形成了金融寡头垄断。而当欧洲的资本已经发展到了垄断阶段之后，回过头来一看，欧洲的政治居然还是分裂的。不用说，在资本与政治的博弈中，力量的天平开始向资本一方倾斜了。而其中最具标志性的突破口，莫过于英格兰银行的成立。

▷**余斌：**英格兰银行？你是指英国的中央银行吗？

▶**我：**没错，正是这家银行。话说1688年光荣革命，荷兰执政威廉率军登陆英国，在英国议会的策应下，赶跑了自己的老丈人詹姆士二世，当上了英国的国王，成了威廉三世。威廉三世和法王路易十四是死对头，当初威廉在荷兰的时候，就曾与路易十四打过一场法荷战争。路易十四是欧洲著名的"太阳王"，当了72年的国王；威廉也是个狠角色，当年为了阻止法军占领阿姆斯特丹，居然不惜打开海闸，淹没自己的国土，与路易十四可谓是苦大仇深。因此，当上英国的国王之后，威廉三

链 接

大同盟战争

大同盟战争（1688年—1697年），又称奥格斯堡同盟战争、巴拉丁王位继承战争或九年战争，是法王路易十四在位时的第三场重要战争。在遗产战争和法荷战争中获得胜利的路易十四企图称霸欧洲，引起了其他国家的担心。于是，荷兰、神圣罗马帝国哈布斯堡王朝和瑞典等国家组成了大同盟，联合起来对抗法国。威廉三世在成为英王之后，也带领英国加入了反法阵营。大同盟的形成使路易十四速战速决的计划破产，战争进入了旷日持久的拉锯状态。战争之初，法国军队占据了主动权，大同盟一时难以招架。然而到了1692年之后，法国舰队为英荷联合舰队所败，战争逐渐趋于僵持状态。9年之后，战争双方都厌倦了这种没有结果的流血游戏，于是展开谈判，最终于1697年签订了《里斯维克和约》。大同盟战争使得法国在欧洲的霸权受到了削弱，但是保住了法国欧洲大陆最强国的地位。

世很快就带领英国参加了对法作战的大同盟战争。这场战争一打就是 8 年，一会儿陆战，一会儿海战，一会儿你赢了，一会儿他赢了，反正和中世纪所有的战争一样，就是旷日持久，反复拉锯。打仗从来都是最费钱的事，大同盟战争很快就把威廉搞得国库亏空，只好不断向私人银行家举债。战争打得越久，债就借得越多。终于有一天，银行家们上门来找国王了。威廉三世有点慌了：这债主上门没好事啊。没想到，银行家们说：陛下您别急，我们今天不是来讨债的。我们只是觉得，您老这么借钱不是个办法，所以我们帮您想了一个办法，可以一劳永逸地解决这个问题。什么办法呢？很简单，您特许我们成立一家英格兰银行，专门为您筹措战争费用。现在，第一笔费用 120 万英镑就放在这儿了，您拿去花。记住，永远都不用还本金了，您只要每年付我们 8% 的利息就可以了。

▷**小梅：** 叔叔，我没听错吧，本金永远都不用还了？

▶**我：** 你没有听错，本金永远都不用还了，只要付利息就可以了，算是国家的永久性债务。当然了，这么好的事，国王得答应他们一个条件，那就是：允许英格兰银行发行 120 万英镑等值的货币。

▷**小梅：** 发行货币？这些私人银行家们想要发行货币？

▶**我：** 是的，小梅，咱们中国人已经习惯了政府发行货币，听到私人银行发行货币觉得有点不可思议，其实在欧洲这也算不上是什么新鲜事。货币这个东西确实挺神奇的，你想想看：最早人们要进行交易，只能采用以物易物的方式，不方便是谁都知道的。可是，要想找到合适的一般等价物那还真不容易。一般等价物是什么东西？一般等价物就是可以交换一切的东西。所以你想想看，如果一般等价物能够不费吹灰之力地大量生产，那么谁还会去辛辛苦苦地生产产品啊？所以我个人认为，货币固然应该具备多种属性，比如易保存、可分割什么的，但是最关键的属性，还应该是稀缺性。用这个标准来衡量，人类社会真正意义上的公认货币的桂冠，就自然而然地落到了金银的头上，所以马克思才会那样说："金银天然不是货币，但货币天然是金银。"

▷**小梅：**这句话出自马克思的《政治经济学批判》。从高中开始，老师就专门拿这句话来考我们，有时候故意改成"金银天然是货币，但货币天然不是金银"，然后看我们会不会掉到坑里去。

▷**余斌（笑）：**小梅，别说你这个年龄了。当年我们读书的时候，我们的老师就已经在孜孜不倦地为我们挖这个坑了，这还真是一个被调皮的老师们"玩坏"的"经典坑"。

▷**丹尼尔：**真是惭愧！我没有读过马克思的这本著作，所以也不知道有这个坑。事实上，我就没正儿八经地读过几本马克思的著作，过去我没觉得这有什么不妥，可是现在我怎么忽然间有种感觉：这会不会成了我最大的坑？老实告诉我，你们现在是不是都趴在坑的外面很同情地看着我啊？

▶**我（笑）：**丹尼尔真是幽默。每个民族都会把自己的经典作品从小传授给自己的孩子，所以中国人从小读《论语》，英国人从小读《哈姆雷特》。我们三个都是中国人，当然会有一些共同的知识背景了。只不过，马克思的作品本来就源自西方，而且具有跨民族、跨时代的经典价值，的确是值得我们共同学习。既然您有兴趣，那么我回头给您推荐上几本。

▷**丹尼尔：**一言为定，您推荐的书，我一定会认真学习的。想想也是：你说我不远万里地跑到中国来学习中国文化，结果在西方诞生的马克思的著作反而没读过几本，确实有点不应该。就算是不同意其观点，至少也应该了解的。

▶**我：**言归正传。为什么货币天然是金银呢？因为金银这玩意儿稀缺啊。要知道，像金银这么重的元素，咱们地

链 接

超新星爆炸

超新星爆炸又称超新星爆发，有两种可能的触发方式：1.一颗简并的白矮星通过吸积从伴星那里累积到足够的质量，提高核心温度，点燃碳融合，并触发失控的核聚变，将恒星完全摧毁；2.大质量恒星在核燃料燃烧完毕之时，向外的光辐射压力无法抵消向内的巨大引力，从而导致引力坍缩，发生超新星爆炸，将其大部分甚至几乎所有物质以1/10光速向外抛散。超新星爆炸极其明亮，突发的电磁辐射经常能够照亮所在的整个星系，可持续几周至几个月才会逐渐衰减为不可见，其辐射能量超过了太阳一生中辐射能量的总和。由此可见，超新星并非新出现的恒星，只是因为爆炸时亮度急剧增加而被人们新观测到，从而将其当作新出现的恒星记录下来。人类最早的超新星记录是中国天文学家于公元185年发现的SN 185，《后汉书·天文志》记载："中平二年十月癸亥，客星出南门中，大如半筵，五色喜怒，稍小，至后年六月消。"

球上根本就造不出来——别说地球上造不出来了，整个太阳系都造不出来。像太阳这么大的恒星，以其内部的温度和压力，也只能造出碳和氧来，连铁元素都造不出来，更不要说比铁还要重得多的金银了。从理论上说，所有比铁更重的元素，都应该是超新星爆炸制造出来的。质量在太阳 10 倍以上的恒星，当其核燃料全部耗尽之后，巨大的引力会使得全部的物质迅速向中心坍缩，从而引发猛烈的爆炸，这就是超新星爆炸。超新星爆炸带来的巨大压力可以制造出比铁更重的各种元素，其中就包括了金银。这些元素随着爆炸形成的残骸和气体弥散在了宇宙空间，然后在引力的作用下重新积聚，形成新一代恒星。我们的太阳就是宇宙中的第三代恒星，因此也继承了前两代超新星爆炸时留下的各种元素。同时，距

超新星爆炸想象图

离太阳较远的一些残骸和气体也会在引力的作用下重新凝聚，从而形成太阳系行星，其中一颗行星就是我们的地球。当然了，在地球诞生之后，还会被一些含有金银的陨石击中，从而增加了点金银的储量——换句话说，就是天上掉金子了。但是，不管是从哪种途径得来的，地球上的金银都是超新星爆炸留存下来的珍贵遗产，因此注定是一种不可再生的稀缺品。丹尼尔先生大学的时候是学天体物理学的，对于这些知识是最清楚不过的了，我应该没有说错吧？

▷**丹尼尔：**没毛病，刘教授，的确就是这么回事儿。

▷**小梅：**叔叔，您不是学法律的吗？怎么会懂这些呢？余叔叔，你们以前在法学院的时候学这个吗？

▷**余斌（笑）：**我也不知道他从哪儿学来的，法学院可不教这些。

▶**我（笑）：**这些只是物理学的基础知识罢了，只要有兴趣，谁都可以去了解，没有什么稀奇的。不过，如果你们想问我为什么会去了解这些东西，我倒是可以告诉你们。余斌，你还记得咱们大学时代的班主任奚玉龙老师吗？

▷**余斌：**当然记得了。奚老师出身名门，家学渊源。他是体育专业的教授，桥牌却打得极好，英语更是比我们不知道要好上多少倍。虽然老人家已经去世多年，但是我一直都很想念他。

▶**我：**我也十分想念奚老师。大学的时候，奚老师曾经传授给我一句话，对我影响至深。他说，一个人做学问，一定要做到“know everything of something and something of everything”。这句话是什么意思呢？就是一个人做学问，一定要做到自己专业领域的东西全都知道，而其他领域的东西也都要知道一点。我把奚老师的这句话，理解成了一枚图钉：图钉的上面像一枚硬币，下面则像一根针。如果你想要在墙上挂一幅画，那么用一根针是挂不住的——虽然钉得进墙，但是扣不住画；而用一枚硬币也是挂不住的——虽然扣得住画，但是钉不进墙。而一枚图钉，既能钉得进墙，又能扣得住画。这就是专业深度与知识宽度的辩证法。小梅，今天叔叔把奚老师的这句话也传授给你，希望对你未来的求学之路有所帮助。

▷**小梅：**叔叔，我谨记教诲。您放心，奚爷爷的这句话已经深深地刻在我的心里了。

▶**我：**咱们言归正传。金银的稀缺性使得它们当仁不让地成了人类的公认货币。不过呢，用金银充当货币也不是没有毛病的。第一个毛病大家都知道，那就是太重了。你想想看，远距离大宗交易的时候，带着那么多沉甸甸的金银，一路上叮叮当当的，的确挺招贼的。于是，有些脑子灵活的金银匠就想到了一个金融创新：我在伦敦开个店，在巴黎也开个店。你不是要从伦敦带钱到巴黎去做生意吗？把你的金银存在我伦敦的店里，我给你签上一张单子，然后你拿着单子到我巴黎的店里去把金银兑换出来，我只要赚点手续费就可以了——你看这不是挺方便的吗？由于背后有金银的信用作保证，这张纸做的单子也就具备了货币的属性——我们中国人管它叫“银票”，西方人管它叫“金银券”。而这些头脑灵活的金银匠呢，也就慢慢地变成了最早的私人银行家。

▷**小梅：**这招确实挺高明的。叔叔，看来真正的金融创新都是在实践中逐渐琢磨出来的，而不应该是从天而降的。

▷**余斌：**小梅的这句话让我很有感悟。西方的各种金融工具，的确是在长期的金融实践中逐步形成的。可是对于我们中国人来说，许多金融工具的确就像是从天而降一般，很多东西我们连来龙去脉都没搞清楚，就赶紧照单全收了。说实话，能做到今天这个样子，已经算是奇迹了——上海证券交易所成立于 1990 年，到 2020 年刚好 30 周年；而世界上最早的阿姆斯特丹证券交易所成立于 1609 年，距今已经有 411 年的历史了。

上海证券交易所

▶**我：**是的，货币的历史，本身就是一部金融创新的历史。不过就古代而言，中国的货币其实是一点都不落后的——这事儿咱们后面有空再聊。话说金银券的创新，的确在相当程度上克服了金银太重不方便的毛病。但是，这种金银本位的金银券本质上还是金银，而金银还有第二个毛病，这个毛病就比较难克服了。

▷**小梅：**叔叔，让我猜猜看：您说的这第二个毛病，是不是还是跟金银的稀缺性有关？

▶**我：**没错，小梅，你猜得很准。既然稀缺性是货币的第一属性，那么自然也就"成也萧何，败也萧何"。货币是货物的一般等价物，因此从理论上说，货币的总量应该与货物的总量保持动态平衡，这样才能保持物价的稳定和币值的稳定——如果金银比货物多了，就会发生通货膨胀；如果金银比货物少了，就会发生通货紧缩。然而问题就在于：虽然金银是一种货币，但是毕竟也是一种矿产啊！谁又能保证金银的产量就总是与货物的产量配合得那么好？真实的情况是：随着人类生产力水平的不断提高，人类社会的货物总量也是在不断增加的，对货币总量的需求自然也就在不断增加。然而，金银毕竟是一种稀缺贵金属，因此它们的产量总体上是跟不上货物增长的，这就导致了常态化的通货紧缩。况且本来就那么点金银产量，还要应对人们装饰和储藏的需求，这就更加导致了货币的短缺。所以，小梅，你猜对了，金银的成功在于稀缺，金银的毛病就在于太稀缺了，这个毛病确实有点难以克服。

黄金储备

▷**余斌：**这个分析的确是有道理的。我前两天看过一个材料，说是目前全球已经开采出了约 17 万吨黄金，但是各国的黄金储备总共只有 3.3 万多吨，其余的都用于珠宝、工业和私人投资领域。而全球未开采的已探明黄金储量只剩下 16 万吨了，就算未来都开采出来，要想作为全球货物的一般等价物，无疑也是杯水车薪的。从实际情况上看就更不可能了：在我的印象中，中国目前的黄金储备好像只有 1900 多吨，只占中国外汇储备的 2.2%。如果今天还是用黄金做货币的话，那国民经济根本就玩不转了。

▶**我：**没错，正因如此，在人类社会的经济发展过程中，尤其是近几百年时间中，人们不断尝试着发行各种各样的正式或非正式的货币，以补充金银货币的短缺。这种正式或非正式的货币从形式看当然也是纸币，但是不像金银券那样以金银作保证，而是以其他有价值的东西作保证，比如债券，比如土地，等等。当年企图与英格兰银行竞争的土地银行就是准备发行以土地为保证的货币；而私人银行家们向威廉三世提议成立的英格兰银行就是准备发行以 120 万英镑国债为保证的货币——我们不妨称之为国债型货币。

▷**小梅：**如此看来，这种国债型货币也算得上是一种金融创新了。

▶**我：**其实，这种为国王筹集战争资金，然后以国债作保证来发行货币的做法，也不是英格兰银行的首创，更早一些的瑞典斯德哥尔摩银行就已经开始这么做了。不过，论对后世的影响力，英格兰银行无疑是最大的。虽然这种国债型货币不能兑换金银，但是有国债作保证，而国债又是用国家的进口税收作保证，因此这种货币也是很有竞争力的。威廉三世正苦于大同盟战争花钱如流水，想钱都快想疯了，一听这 120 万英镑可以永远不还本金，只要付利息，估计眼睛都要亮起来了；再仔细琢磨琢磨，这种货币似乎也没有什么问题嘛，于是就答应了。就这样，1694 年，英格兰银行获得了皇家注册许可，正式开张运作了。

▷**丹尼尔：**可不是嘛，英格兰银行开出的这个条件确实诱人啊！当时的欧洲战争实在是太频繁了，国王们估计都缺钱缺得厉害，能用永远不还本金的方式迅速借到钱，在战场上肯定是要占优势的——我要是当时的威廉三世，估计也会答应的。

▶**我：**您说得没错，正是英格兰银行的这个金融创新为英国的战争机器注入了源源不断的能量，才使得光荣革命之后的英国在随后的各场战争中取得了明显的优势，大英帝国也才得以迅速崛起——以至于今天有些研究者还一直把这种金融创新当作一种成功的经验来宣扬。

▷**丹尼尔：**哦，为什么这么说呢？难道这里面还藏着什么猫腻不成？

▶**我：**资本无利不起早，这种“好事”，有猫腻是正常的，没猫腻才是不正常的。对于政府来说，既然钱这么好借，那怎能不多借点呢？其实1694年成立英格兰银行的时候，政府还是有点警惕性的，只给了12年的经营许可，规定到了1706年之后，只要政府还清贷款本金并提前1年通知，就可以吊销英格兰银行的执照。可是，欧洲的战争实在是太多了，而这钱又实在是太好借了，120万英镑哪里止得住？别说12年了，才过了3年，政府就忍不住又向英格兰银行借了100万英镑。不用说，经营许可的时间自然也就往后延了延，而且又给了一些特权——就这样，过几年就借笔钱，然后时间就往后延一延，特权就再多给一些。好借的债务看上去就像是好吃的甜甜圈，实际上却是脖子上逐渐收紧的绞索：1751年，英国政府将国债统一成单一的基金，授权英格兰银行全权负责，英格兰银行被正式赋予了“经理国库”的职责；1780年，政府经由英格兰银行发行国债以及由英格兰银行代财政部进行财政收支的程序基本建立；1783年，政府的每个部门都在英格兰银行开设账户，资金往来都通过这些账户进行——等到1815年反法战争结束的时候，英格兰银行管理的公共债务已经达到了8亿英镑。至此，任何试图剥夺英格兰银行功能和地位的外部企图都已经烟消云散，英格兰银行已经成为英国政府毫无争议的公共债务管理者。

▷**小梅：**这英格兰银行真是步步为营，像极了一个极聪明的猎手耐心地捕猎一只动物。

▶**我：**生动而又贴切的比喻！既然木已成舟，生米已经煮成熟饭，那么接下来的操作自然就是立法了。1833年，英国国会通过法案，规定英格兰银行发行的纸币为法定货币；1844年，

链　接

英格兰银行法案

英格兰银行法案（Bank Charter Act 1844）是1844年7月29日英国国会由首相罗伯特·比尔主持通过的一个银行特许条例，所以又称“比尔法案”，全称为“监管银行纸币发行并授予英格兰银行有限期间内某些优先权的法案”。法案在国会下院以185票对30票通过，在贵族院也没有受到阻挠。主要内容包括：1.英格兰银行为国家发行银行。2.英格兰银行自1844年8月31日起划分为发行部和银行部，使商业银行业务与发行银行分开。3.政府债务和其他债券及金币和金银块共计1400万英镑划归发行部。据此储备，英格兰银行可以发行1400万英镑的纸币，这部分信用无需黄金准备。4.其他拥有发行权的银行不得增加发行额度，且发行必须获得许可，国会有权在将来某一时刻停止其发行权。停止纸币发行权的银行，可将其发行额度转给英格兰银行。5.英格兰银行免于缴纳发钞印花税，但因其管理国债和纸币发行获得的收益付给政府的费用由12万英镑增至18万英镑。

英国国会通过著名的比尔法案，也就是英格兰银行法案，英格兰银行正式获得了国家法定货币的垄断发行权，同时承担经理国库和管理国债的职责，从而正式成为英国的中央银行——友情提醒一下大家：别忘了英格兰银行的股东都是一些私人银行家，换句话说，这是一家私人资本所有的中央银行。

▷**小梅：**天呐，私人资本所有的中央银行。这一波神操作，我怎么感觉就像是变魔术一样：一变，两变，三变，就把中央银行的货币发行权给变走了。就算不学金融专业也应该知道，这天下哪里还有什么东西会比货币的发行权更重要的呢！

▷**余斌：**那是，钱都是他们印出来的，还有什么东西是搞不定的呢？在这个一切都可以购买的世界里。

▷**丹尼尔：**原来英格兰银行是这么诞生的呀，今天要不是听您介绍，我还真是不太了解。不过，刘教授，我怎么觉得，私人资本好像也没做错什么呀！您看，英格兰银行每发行 1 英镑的货币，就要先借给政府 1 英镑的钱，然后再以国债作为保证来发行货币。在我看来，他们获得的所有东西其实都是付出对价的——换句话说，这应该是一个公平的交易。

▶**我：**您说得很对，私人银行家的确是付出对价的，这个交易看上去也的确是公平的。一切都没有错，唯独只错了一点。

▷**丹尼尔：**哦，哪一点错了呢？

▶**我：**用我们法律人的术语来说，那就是“标的不合法”。

▷**小梅：**叔叔，什么叫作“标的不合法”？

▶**我：** 比方说，我去商店买手机。我付钱，商家给手机，一个愿买，一个愿卖，一个买卖合同就成立了。买和卖的行为共同指向了手机，这个手机就叫作买卖合同的标的。现在问题来了：我有钱是可以买手机的，对吧？我有钱也是可以买电脑的，对吧？那么，我有钱能不能买枪？有钱能不能买毒品？

▷**小梅：** 当然不可以了。枪支和毒品在中国都是法律禁止买卖的，有钱也不能买，有货也不能卖——我从小是在云南长大的，那里禁毒禁得可严了。

▶**我：** 这就叫作“标的不合法”。在英格兰银行成为中央银行的过程中，私人资本家的确是付出了对价，但是他们购买到了一个本不该买卖的东西——国家主权。中央银行独家垄断的货币发行权本来就是一种十分重要的国家主权，居然就这样被私人资本家用钱买走了。

▷**余斌：** 没错，是这个理儿。

▶**我：** 当然了，在当时的时代背景下，私人资本买走国家主权，其实并不是一件坏事，至少没有想象中那么糟糕。话说国家主权这个东西，最早都是通过暴力得来的——你想想看，那些国王头上的王冠，哪个不是他们的祖先通过战争得来并传承给他们的呢？你不能说人家就没有付出对价，流血牺牲本身也是一种对价——成了，那就是王侯，荣华富贵自然享用不尽；败了，那就是寇贼，身家性命都要搭进去的。

▷**余斌：** 这的确也算是对价，只不过有点野蛮而已。

▶**我：** 没错，这对价是有点野蛮。所以，等到资本崛起之后，资本家根本就不跟你玩这种“城头变幻大王旗”的粗鲁游戏，而是换了一种游戏，也换了一种对价，那就是：用钱把你的国家主权买走了。具体的办法就是：小块切香肠，温水煮青蛙。等到国王们回过神来的时候，生米早就已经煮成了熟饭。要我说，资本家的这种游戏固然也是问题多多，但是比起过去的封建社会，至少还是要文明许多。从某种意义上说，的确也堪称是一种历史的进步。

▷**小梅：**难怪马克思主义会认为，资本主义战胜封建主义是一种历史的进步。今天，您让我从一个全新的视角重新理解了这句话。

▶**我：**在我看来，英格兰银行成为英国的中央银行，堪称资本主义发展历史上的一个标志性事件。从那以后，资本正式加冕了“主义”，成为资本主义。成功模式既然已经找到，接下来的事情就好办多了。资本鼓动起战争和金钱的双翼，横扫了整个欧洲大陆：我借钱给你，你放心打仗，借多了还不起？没关系，咱们成立中央银行吧——就这样子，一个一个地点杀过去。毫不夸张地说，第二次世界大战之前的整个欧洲资本主义时代，就是欧洲各国政治不断向跨国金融资本俯首称臣的时代。

▷**余斌：**我赞同你的观点。资本主义肯定会有很多要素，不过在我这样一个天天跟资本市场打交道的人看来，中央银行的资本属性问题，的确堪称一个关键性的要素。

▶**我：**欧洲资本的下一个猎物，就是大西洋彼岸的美国。

美国不是传统的欧洲王权国家，它是一帮清教徒跑到新大陆成立起来的新国家。因此，刚开始的时候，美国人的理想主义还是有点儿的，民主意识也比较强。不过，资本是不会轻易放过新大陆的。美国人再理想主义，也不是生活在真空里的：你不是要独立吗？那就得跟英国打仗；只要一打仗，你就需要钱；而只要你需要钱，资本的机会自然就来了。

▷**小梅：**还是这个套路，不过好像真的是屡试不爽哦！

▶**我：**独立战争打响之后，美国政府有 3 个办法可以弄到钱：第一个办法，就是征税。问题是，那个时候的 13 块殖民地简直就跟十三太保似的，各自为政，不服管束；而联邦政府又还没有正式成立，只有一个临时拼凑的大陆议会，压根儿就没有征过税，没那习惯。再说了，独立战争的起因就是反抗英国人的横征暴敛，大陆议会哪敢随便打这个主意？因此，向人民征税，此路显然不通。第二个办法，就是印钞票。这个主意看上去似乎不错。于是，大陆议会就发行了名为“大陆币”的纸钞，面值盯住西班牙比索银币。当然了，盯住云云，不过是说说而已——美国政府根本就没有银子，拿什么盯住啊？战火一开，这印钞机就管不住了：1775 年发行大陆币的时候，规定大陆币和银币 1∶1 兑换；到了 1778 年，1 个银币可兑换 5—7 个大陆币；到了 1780 年，1 个银币可兑换 30—40 个大陆币；到了 1781 年，大陆币基本上就成为废纸了。士兵们拒绝接受用大陆币支付他们的军饷，1/10 左右的军队发生了哗变，独立战争差点因此夭折。

▷**丹尼尔:** 美国有一个俚语——“Not worth a Continental”，字面上的意思就是“不值一个大陆币”，翻译成中文就是“一文不值”。这个俚语正是从独立战争流传下来的，说明当年的大陆币的确是太不值钱了。“权力导致腐败，绝对的权力绝对导致腐败”，阿克顿勋爵的这句话真是至理名言。按理说，美国的国父们也算是道德高尚了，可是一旦掌握了印钞机，最后也是这个结果。直接征税不好意思，可是滥印钞票等于抢劫人民，我看比征税还糟糕。

▶**我:** 这事儿也不能太责怪他们。战争是什么东西啊？战争就是魔鬼，战争就是绞肉机，一旦战场上杀红了眼，那可就什么也顾不上了。

▷**小梅:** 征税不行，印钞失败，看来还是得借钱了。

▶**我:** 没错，美国政府的第三个办法，就是借钱。找外国政府借，找国内民众借，也找私人银行家借，总算是把这场战争给打下来了。等到 1783 年独立战争结束的时候，美国政府的债务总额已经达到了 5400 万美元。纸币不值钱，债务一大堆，政府信用濒临崩溃，华盛顿总统简直都快愁死了。就在这个时候，财政部部长亚历山大·汉密尔顿站了出来，向国会提出了著名的“旋转门计划”。

▷**小梅:** 我知道汉密尔顿，他是美国的第一任财政部部长，当部长的时候好像只有 33 岁，真是“才华爆表”啊！

▷**余斌:** 今天美国 10 美元的钞票上，印的就是汉密尔顿的头像。我读过《联邦党人文集》，汉密尔顿就是当时美国联

链 接

《联邦党人文集》

美国独立建国初期，亚历山大·汉密尔顿、约翰·杰伊和詹姆斯·麦迪逊为了争取新宪法的批准，在纽约报刊上以笔名“普布利乌斯(Publius)”发表了一系列宪法论文；1788年首次整理结集出版，形成《联邦党人文集》。文集收录了85封写给公众的信，分为五大板块：第一部分论述美国实行联邦制的必要性；第二部分论述共和政体；第三部分论述联邦政府保持统一、强大的必要性；第四部分论述分权制衡，包括分权制衡的原则、国会的组织结构及权力、总统的产生方式及权力、司法部门的权力；第五部分论述宪政精神。《联邦党人文集》是一部为美国新宪法全面辩护的著作，阐明了建立联邦制共和国的必要性和优越性，它所包含的联邦制思想、三权制衡思想以及司法独立思想等政治思想，影响十分深远。

邦党人的领袖，他坚决捍卫联邦制，对美国后世的政治经济制度的影响十分深远。

▷ **丹尼尔：** 刘教授，什么是“旋转门计划”？您应该不是指当今美国政治、资本和知识3种精英相互转换的那道旋转门吧？

▶ **我：** 当然不是了。那个时候的美国国父们哪儿有空去考虑这些事？如何解决迫在眉睫的国家债务问题才是正经。汉密尔顿的“旋转门计划”，是一个针对国家债务问题的整体性解决方案：首先，由财政部发行新货币，持有旧货币的人可以1∶1兑换，这样一来，信用崩溃的旧货币就退出了流通，信用良好的新货币进入了流通；接着，由财政部发行远期的新国债，但是规定只能用新货币购买，这样一来，新国债出去了，新货币又回笼了；最后，财政部用新货币去回购战争期间的所有债券和借条，这样一来，旧国债全部消除了，新货币又进入了流通。经过汉密尔顿这么一通旋转门般的操作，最后的结果就是：旧货币消除，旧债务消除，新货币流通，新债务建立。前3个问题都是好事，唯独第四个问题不是什么好事。换句话说，汉密尔顿的“旋转门计划”压根儿就没有真正解决国家债务问题，只是把迫在眉睫的旧债务置换成了远期的新债务。这波“神操作”的好处就是：保住了国家信用，盘活了国民经济；坏处就是：国家最终还是欠了一屁股的债，只不过债主很可能换人了。

▷**小梅：**叔叔，我有点猜出来谁是新债主了——是不是那些私人银行家？

▶**我（笑）：**小梅不错啊！你猜对了，这就是汉密尔顿的厉害之处。独立战争的时候，美国连个政府都没有，还要对抗强大的英军，估计私人银行家们都吃不准这笔生意到底行不行。因此，美国的战争债务有不少都是找外国政府借的——有法国政府的，也有西班牙政府的。外国政府出于牵制英国这个宿敌的政治需要，也愿意把钱借给美国。等到独立战争打赢了，美利坚合众国成立，私人银行家当然不会再放过这个机会了。外国政府和美国公众巴不得美国政府赶紧还钱，私人银行家却巴不得美国政府永远欠钱呢——当然前提是要欠自己的钱。于是，汉密尔顿的旋转门轻轻一转，旧债主就全都转出去了，来自荷兰、英国等地的私人银行家们就全都转进来了。

▷**小梅：**哇，这帮人真是厉害。我现在都不知道是该夸他们，还是该怕他们了。为了达到自己的目的，这些私人资本真是深谋远虑，锲而不舍，迂回穿插，无孔不入。

▷**余斌：**的确如此。我知道小梅的内心不太愿意接受“人性本私”的假设。不过，就我个人的体会而言，至少这些私人资本还是比较符合亚当·斯密所说的“经济人”假设的——自私、理性，甚至贪婪、冷血，关键的是，还很聪明。

▶**我：**债务的问题搞定了，接下来的事情，自然就是成立银行了。汉密尔顿强烈建议美国国会，以英格兰银行为样板，成立一家私有的中央银行，总部设在费城，各地设立分支银行；政府的货币和税收必须放在这个银行系统里，由该银行负责发行国家货币，向美国政府贷款并收取利息。然而，这一次，以汉密尔顿为首的“走资派”遭到了以杰斐逊为首的“民主派”的顽强阻击，双方展开了激烈攻防。汉密尔顿的观点是：既然债务还不清，那就索性留下来，关键是要建立信用。如果不把社会上有钱人的利益和财富信用集中起来，这个社会就不可能成功。国家的债务，如果不是过多，应该是我们国家的福祉。而杰斐逊的观点则是：政府应该尽力还清债务。一个私有的中央银行如果发行人民的公共货币，这对人民自由的威胁比敌人的军队更严重。我们不能容忍统治者将永久债务强加在人民的身上。

▷**小梅：**杰斐逊也好聪明啊，一下子就看到了问题的本质。

▷**丹尼尔：**托马斯·杰斐逊是美国人心目中一位伟大的英

雄，有着很高的智慧。他与华盛顿和富兰克林并称开国三杰，不仅是美国的第一任国务卿，第三任总统，而且是农业学、园艺学、建筑学、词源学、考古学、数学、密码学、测量学以及古生物学等学科的专家，还是作家、律师与小提琴手。他生前就为自己写好了最简朴的墓志铭，要求一个字都不许增加——“托马斯·杰斐逊,《独立宣言》的起草人,《弗吉尼亚宗教法案》的起草人，弗吉尼亚大学的创建人埋葬于此。”

▷**余斌：**的确，也只有这样一个杰出的人，才能够在当时与天才汉密尔顿斗了个旗鼓相当。一个民主派，一个走资派；一个民主共和党人，一个联邦党人。美国政治的雏形，其实就是在这两个重量级政治家的斗争中逐步形成的。

▶**我：**杰斐逊与汉密尔顿的斗争使得国会陷入了分裂，也让华盛顿总统十分为难。然而，问题的关键在于：杰斐逊的理由虽然十分强有力，但是不能解决问题——国家债务又不可能被他的义正词严给吓跑了；而汉密尔顿虽然有走资派的嫌疑，但不失为一个解决方案，财政部部长手中的账本足以让很多人闭嘴——如果不马上成立银行并允许私人资本入股的话，美国政府的确有可能立即垮台。迫在眉睫的危机最终压倒了长远的考虑，国会以微弱优势通过了对美国第一家私有中央银行的授权。1791 年，美国第一银行成立，包括英格兰银行在内的外国私人资本占据了 70% 左右的股份。经过激烈的斗争，国际金融资本终于还是暂时控制住了美国的货币发行权。不过，杰斐逊的民主派也没有完全输掉，在他们的牵制下，美国政府也购买了 20% 左右的股份，成了美国第一银行的小股东。当然了，最关键的伏笔还在于：国会只给了美国第一银行 20 年的授权。

▷**小梅：**我明白了，看来杰斐逊是在准备打一场持久战了。

▶**我：**没错，双方都在赌 20 年之后的事。杰斐逊赌这 20 年之后，我就把债务还清了；而汉密尔顿赌这 20 年之后，你就更离不开我了。结果呢，20 年即将到期的时候，刚好是杰斐逊在当总统。

▷**小梅：**那还有救？杰斐逊肯定不会放过美国第一银行的。如果当时是汉密尔顿当总统的话，那我估计就没有问题了。

▶**我：**汉密尔顿本来肯定是可以当总统的，反正就这几个精英排队轮着呗。但是他 1804 年与政敌伯尔决斗，不幸被打死了。联邦党人从此群龙无首，声势大挫；而杰斐逊失去了劲敌，民主派从此声势大涨。

▷**丹尼尔：**汉密尔顿真是可惜，他决斗去世的时候只有 49 岁。祸不单行的是，他的儿子也是因为与别人决斗，比他早 3 年就去世了。

▷**小梅：**天哪，这太残忍了。

▶**我：**汉密尔顿虽然去世了，但是他留下的美国第一银行是否应该关门，则是摆在美国人面前的一道难题。杰斐逊在当总统的时候，千方百计地推动废除美国第一银行。1811 年，20 年大限来临，杰斐逊的继任者麦迪逊总统萧规曹随，废除了美国第一银行。当时双方的角力可谓达到了白热化的程度：众议院以 65：64 否决了银行授权延期的提案；参议院居然 17：17 打平，最后还是由参议院议长、副总统乔治·克林顿投下了关键的否决票。

▷**余斌：**关于私有中央银行的斗争越来越激烈，说明这 20 年来资本对政治的渗透已经不是一点点的了。小梅，你以后学金融，一定要深刻理解资本强大的渗透力，这是教科书永远都不会教给你的东西。资本就像水，能够无孔不入，再小的缝隙也有办法渗透进去；又能滴水穿石，再硬的东西也有办法慢慢打穿。

▶**我：**小梅，余叔叔说得对。资本的确就像水，如果管束得好，那么“水善利万物而不争”，可以滋养万物；如果管束得不好，那么“攻坚强者莫之能胜”，可以摧毁一切。

▷**小梅：**我记住了。我想自己应该能够理解的，不过这还需要我在未来的学习和实践中慢慢领悟。

▶**我：**眼看煮熟的鸭子居然要飞，资本岂能咽得下这口气？1811 年，美国第一银行废除；1812 年，美国第二次独立战争就打响了。就像所有的战争一样，美国第二次独立战争的成因也有很多，但是时间上与第一银行的废除居然如此巧合，而且当时英国人正在欧洲与拿破仑打得不可开交，居然还会抽空跟美国人再打一场战争，的确让人不得不怀疑背后是否有资本的作用在推波助澜。总之，英军卷土重来，与加拿大民兵联合起来对美作战，与美军在陆地、海洋和大湖上形成了拉锯战。战争初期，美军占了点优势，攻占了加拿大的约克镇，也就是今天的多伦多，一把火烧掉了立法议会大楼和政府大楼。然而，等到英国人在欧洲击败拿破仑之后，英军迅速增兵北美战场，战局开始逐渐被扭转。1814 年 8 月，英军登陆美国东海岸，杀进了首都华盛顿，以牙还牙，一把火将美国的国会大厦和总统府给烧掉了。

▷**小梅：**啊，英军把美国的总统府都给烧了？是白宫吗？

▶**我：**没错，就是白宫。不过，在被烧之前可不叫白宫，而是因为总统府被烧了之后，虽然石头烧不坏，但是内部被烧毁了，外表也都被烧黑了，所以后来在重建总统府的时候，门罗总统下令涂上了厚厚的白漆，这才成了我们今天看到的模样。至于正式命名为“白宫”，那应该是西奥多·罗斯福总统的事儿了。

▷**余斌：**哈哈，白宫为什么是白的，原来里边是黑的啊。

▶**我：**前些年我去加拿大多伦多访问，有个加拿大人曾经半开玩笑却又不无骄傲地跟我说：“当年我们还杀进华盛顿，把他们的总统府都给烧掉了呢。不过，现在确实是打不过他们了。”

▷**丹尼尔（笑）：**哎呀妈呀，无语了，这个加拿大人。

▶**我：**这场战争最终没能分出胜负来。虽然英国凭借着强大的舰队封锁了美国的海岸线，暂时占据了优势，但是随着战事延伸，美国人为了保家卫国也开始拼命了。安德鲁·杰克逊将军在新奥尔良战役中大败英军，从而成为国家英雄。打到了

1815 年，双方谁也奈何不了谁，只好无奈地结束了这场索然无味的战争。然而对于资本来说，谁胜谁负一点都不重要，重要的是：战争之后，美国政府又欠钱了。

▷**小梅：**看来美国又该成立中央银行了。

▶**我：**没错。1816 年，在巨额债务的压力之下，国会通过了美国第二银行的授权法案，走投无路的麦迪逊总统只好无奈地签署了法案。美国第二银行依然由英格兰银行为首的外国私人资本控股 80%，联邦政府依然只是个小股东，但是它同样只得到了 20 年的授权。这是一场 12 回合的拳击赛，不管是民主派还是走资派都不要太着急。20 年之后，同样的博弈再次上演。然而，这次资本家流年不利，撞上了一个十分强硬而又难缠的对手——安德鲁·杰克逊总统。

▷**小梅：**安德鲁·杰克逊？是不是您刚才所讲的第二次独立战争中的那个安德鲁·杰克逊将军？

▷**丹尼尔：**就是他。安德鲁·杰克逊是美国第 7 任总统，美国第二次独立战争中的英雄。当年他在新奥尔良战役中，以 5000 名杂牌军对阵英军 8000 多名正规军，结果仅以 13 人阵亡的微小代价，消灭了英军 2000 多人，决定性地扭转了第二次独立战争的战局，也因此成为美国人心目中的国家英雄。

▶**我：**在新奥尔良战役中，面对英军的猛烈炮火，杰克逊将军鼓励士兵们说："我们要让新奥尔良变成英国人啃不动的硬胡桃！"从那以后，杰克逊就得了个绰号——"老胡桃木"（Old Hickory）。杰克逊是民主思想的忠实信徒，对私人资本更加深恶痛绝，以至于他当时竞选连任的口号就是——“要杰克逊，不要银行”。1832 年，在国会已经通过美国第二银行授权延期法案的情况下，杰克逊毅然动用总统否决权将其否决，并下令财政部部长路易斯·麦克莱恩将政府资金从第二银行全部撤走，转存到各州银行。万万没有料到的是，麦克莱恩居然拒绝执行总统命令。

▷**小梅：**啊，居然还有拒绝执行总统命令的财政部部长？

▶**我：**的确有点不可思议。杰克逊何许人也，他立即解雇了麦克莱恩并任命威廉·约翰·杜安为财政部部长，让他取出政府资金。不料杜安居然也拒绝执行总统命令。杰克逊立即解雇了杜安，并任命罗杰·B. 特尼为财政部部长。最后，特尼终于按照杰克逊的要求，从 1833 年开始取出美国政府存在美国第二银行的存款。

▷**余斌：**连续两个财政部部长抗命，只能说明资本对政治的渗透已经十分厉害了，我估计这些人的屁股早就不知道坐到哪里去了。

▶**我：**杰克逊知道，国家债务才是资本手中最厉害的绞索，要想彻底摆脱资本的控制，政府就必须还清债务，否则，资本一定还会卷土重来。于是他努力实现财政盈余，连续多年还债。到了 1835 年，美国政府居然真的还清了最后一笔国债——这也是美国历史上唯一一次国债清零的时刻，前无古人，后无来者。然后，就是那么巧合，国债刚刚清零，杰克逊总统就遭遇到了美国历史上第一次对总统的刺杀。

▷**小梅：**啊，这一定是资本狗急跳墙了。

▷**余斌：**我觉得这事十有八九跟资本有关。

▶**我：**否决美国第二银行是真的，杰克逊被刺杀也是真的，至于两者之间是不是有必然因果关系，那就不知道了。我是学法律出身的，不习惯在没有确凿证据的情况下就下定论。不过，所有的事情总是那么巧合，你说这是“阴谋论”，还是合理怀疑呢？

▷**小梅：**我觉得是合理怀疑，这也太明显了吧。

▷**丹尼尔：**其实“阴谋论”在美国也很流行，反正有人相信，也有人不信，原因就是刘教授说的——没有确凿证据。不过，这并不妨碍我们每个人可以有自己的判断。虽然杰克逊总统肯定得罪过很多人，但是否决中央银行这件事，的确牵涉利益太大了，而且国会已经通过了延期法案，却被总统一个人用否决权挡住了。从这个角度来看，这场刺杀与资本有千丝万缕的关系，应该属于一种合理怀疑。

▷**小梅：**叔叔，杰克逊总统被刺杀成功了吗？

▶**我：**没有，他的运气实在是太好了。当时的情况是这样的：1835 年 1 月 30 日，国会山举行一位去世议员的葬礼，杰克逊总统前往参加。当他走进国会圆顶大厅的时候，一个侧门里突然走出了一个人，这个人叫理查德·劳伦斯，是一个油漆匠。劳伦斯径直走到了与杰克逊只有 6 英尺远的完全瞄准距离，冷静地掏出一把手枪，对准杰克逊开枪，不料子弹卡壳了。劳伦斯立即扔掉这把手枪，掏出第二把手枪，对准杰克逊再次开枪，不料子弹又卡壳了——真是不可思议，要知道以当时的枪械制造水平，连续两把手枪子弹卡壳的概率只有万分之四。回过神来的杰克逊总统立即挥起手杖还击，将刺客打倒在地，并勇敢地冲了过去，与刺客在地上扭打了起来。“老胡桃木”血液里的战斗基因被激发出来了，当刺客终于被逮捕起来的时候，好几个人费了好大的力气，才把这位怒不可遏的老总统拉了开来。

▷**小梅：**真是惊心动魄，这个杰克逊也真不是好惹的。这一回，资本大鳄一口咬上了“老胡桃木”，不仅没能咬动，牙齿反倒被崩掉了几个。

►**我：**这是美国历史上第一次刺杀总统，从此，美国的政治基因中就被注入了刺杀总统的病毒；而刺客理查德·劳伦斯则被诊断为精神失常，最终逃脱了刑事处罚，在精神病院里度过了余生，从此也开了刺杀美国总统的都是“精神病人”的先河。

▷**余斌：**精神失常真是个好理由，不过我才不信呢！

►**我：**关于私人中央银行的存废较量的确不是一个简单的经济问题，而是资本与政治之间的一场殊死较量，是对货币发行权这一金融制高点的反复争夺。杰克逊1845年于家乡田纳西州去世，然而杰克逊主义从此就像幽灵一般盘旋在美利坚合众国的上空，将任何企图重建私人中央银行的努力都无情挫败。美国从此进入了没有中央银行的70多年时间，然而这70多年时间，也是美国真正的多事之秋。在70多年时间里，美国爆发内战，先后发生了3次经济大危机：1837年经济大危机、1857年经济大危机、1907年经济大危机。至于政治上出的事，那可就更多了：1835年，刺杀杰克逊总统未遂；1841年，哈里森总统刚刚上任就“意外”死亡，副总统约翰·泰勒接任总统，结果在总统任上被辉格党开除出党；1850年，扎卡里·泰勒总统“意外”死亡；1865年，林肯总统被刺杀；1881年，詹姆斯·加菲尔德总统被刺杀；1901年，麦金莱总统被刺杀。在不到70年的时间里，美国总统居然接连出事了7个，其中3个被成功刺杀，1个刺杀未遂，2个“意外”死亡，1个被开除出党。

▷**余斌：**平均10年就有1个总统出事，这伤亡率可比诺曼底登陆的高多了。

▶**我：**这些总统出事，当然没有确凿证据证明就是资本干的。不过这些总统在任时对私人中央银行问题都持反对态度，的确也是真的。那段时间里，美国还面临着一个关于奴隶制存废问题的国内矛盾，因此很多锅都被甩给了这个矛盾。比如，刺杀林肯的演员布思被认为是一位同情南方的精神错乱者，这或许是真的，不过林肯总统在战争期间直接发行了以政府信用为基础的“绿钞”，从而动了私人资本的奶酪，这的确也是真的。又比如，据说约翰·泰勒总统被辉格党开除出党是因为同情奴隶制，这或许是真的，不过泰勒总统在任时坚决阻止了私人中央银行的复辟，这的确也是真的。换句话说，这个世界上的矛盾的确是多维度的，我们不能只从资本与政治之间的矛盾这个单一维度来看待所有的事情，但是我们也应该牢牢记住，资本与政治之间的矛盾的确是十分重要的，我们在分析问题的时候绝对不能对其完全无视。

▷**丹尼尔：**刘教授，虽然我对这些资本与政治斗争的历史不是太了解，但是我很赞赏您实事求是的态度。让我从科学的角度支持一下您：从科学上说，太多的巧合背后往往就隐藏着规律，在无法确知所有真实细节的情况下，概率本身也是可以间接呈现真理的——统计力学和量子力学就是很好的例子。

▷**余斌：**不管别人信不信，反正我是信了。有钱能使鬼推磨，这句话必须是真的。如果有人来问我：这个世界上哪里有鬼啊？那我会告诉他：钱给多了，人就变成鬼了。

▶**我：**是啊，钱给多了，人就变成鬼了。在经过了 70 多年的死命折腾和无孔不入的经济渗透之后，美国人终于顶不住资本的压力了。1910 年 11 月，著名参议员尼尔森·奥尔德里奇邀请了 3 名银行家和 1 名财政部部长助理，以一起去郊外猎鸭为名，悄悄地来到了神秘的哲基尔岛俱乐部，就如何建立中央银行的问题进行了反复讨论，最后敲定了成立“美国联邦储备系统”的一整套解决方案。为了消除美国人对中央银行集中化的警惕，方案强调“合作，而非中央集权”，承诺把地方银行也纳入联邦储备系统；为了消除美国人对私人资本控制的恐惧，方案竭力淡化私人色彩，不惜采用了“总统任命，国会审核，分权制衡”这样的所谓“联邦控制架构”。在经过了长达 3 年的讨价还价之后，一切终于尘埃落定。1913 年 12 月 23 日

链 接

美国联邦储备系统

美国联邦储备系统是根据1913年《联邦储备法》(Federal Reserve Act)成立的以私有组织形式行使公共职能的私营银行系统，负责履行美国的中央银行的职责，美国政府不拥有美联储的股份。这个系统由联邦储备委员会、联邦储备银行及联邦公开市场委员会3个相互联系的部分组成。美国联邦储备委员会是美国联邦储备系统的核心管理机构，办公地点位于美国华盛顿特区。该委员会由7名成员组成，其中主席和副主席各1名，委员5名。委员会成员由美国总统提名，美国国会参议院批准，任期为14年，其中主席和副主席任期为4年，可连任。

下午6点，威尔逊总统娴熟地换用着4支金笔，在一份印在羊皮纸的《美联储法案》上签下了自己的名字，全世界最强大的私有中央银行就此诞生。当天晚上，威尔逊总统一家开开心心地登上了南下的火车，到风景宜人的海湾去过圣诞节了。

▷**小梅：**叔叔，美联储应该是100%私人股份吧？这次联邦政府有没有保留股份？有没有设定授权期限？

▶**我：**美联储是100%私人股份，联邦政府没有任何股份，也没有设定任何授权期限。70多年时间以来，杰克逊主义一直就是私人银行家的噩梦，以至于《美联储法案》的起草人、威尔逊内阁的财政部长卡特·格拉斯曾经胆战心惊地说："安德鲁·杰克逊的幽灵白天在我面前徘徊，夜晚则在我的沙发上作祟。"而现在，在经过了长达3/4个世纪的对决之后，安德鲁·杰克逊的幽灵终于被私人银行家杀死了。

▷**丹尼尔：**杰克逊年轻时曾经与一名神枪手决斗，在自己胸口中弹之后依然开枪还击，并杀死了对手。医生给他疗伤时惊异地问："你伤得不轻，真不明白你怎么还站着不倒呢？"这场决斗的胜利者回答道："即使他把子弹射进了我的大脑，我也要坚持站着直到把他打死为止。"看来，在这场与资本的决斗中，杰克逊的确已经把子弹射进了资本的大脑，但是资本还是坚持到了把杰克逊的幽灵杀死的那天。

▷**余斌：**我们这些经常接触资本市场的人，都听说过美联储的背后是罗斯柴尔德家族、摩根家族之类的金融寡头在操控云云。不过，也仅仅是听说而已，似乎从来就没有什么权威信息出来辟个谣以正视听，也没有什么正式的法律文件明确告知美联储真实的股权结构，一切总是语焉不详。要知道，美元现在是世界货币，从某种意义上讲，美联储算得上是全世界的中央银行了。上市公司由于涉及公众，什么信息都必须公开透明，实际控制人更是必须老实交代，因为公众得知道究竟是谁在影响着自己的利益；而美联储的一举一动，涉及全世界人民的福祉，为什么就不能主动做到信息公开透明呢？既然你说有人制造阴谋论，那你主动出来告知真相不就完了？仔细分析，就会发现确实很奇怪。只是好像奇怪久了，人们也就都习惯了。

►**我：**《道德经》说："太上，不知有之；其次，亲而誉之；其次，畏之；其次，侮之。"最末流的领导，总是被人骂得狗血喷头的；比这好点的，是人们畏惧他，不敢骂；更好一点的，是人们亲近且赞美他。不过，这依然不是顶级的。顶级的领导，你都不知道他究竟存在还是不存在——一个人想要刺杀总统，目标总还是有的；如果一个人想要刺杀资本的话，我的确不知道他的目标会是谁。

▷**小梅：**叔叔，我有个疑问，不知道方不方便说呢？

▶**我：**有什么不方便的，说吧。

▷**小梅：**从常识上讲，私人资本控制中央银行肯定是不妥的，但是您发现了没有，没有中央银行的时期，似乎情况更加糟糕，经济危机频发，社会动荡不安。我相信，这其中一定有私人资本故意制造经济动荡来要挟政治的因素在。但是，一个国家如果没有中央银行的话，经济的确也会群龙无首的，这其实也是一个常识。所以，杰克逊主义就一定是对的吗？我怎么觉得，一个私有的中央银行，还是比没有中央银行要好点儿呢？

▶**我：**小梅，你这个问题问得太好了。没错，在相当长的小农经济时代里，金融不过是农业的附属产业，小规模的地方性金融就足以适应经济需要了，一个国家的确是不需要中央银行的；然而，在由资本驱动的工业化时代，金融乃是国民经济的血液，而中央银行就是国民经济的心脏。在这个时代，一个国家如果没有中央银行，那就像一个人没有心脏一样，是肯定要出问题的。杰克逊就任总统前后，美国正处在从小农经济时代向工业经济时代过渡的历史时期。因此，中央银行的存废之争，从某种意义上说，也正是这两个时代之争。杰克逊主义代表了落后的小农经济时代，因此无论他如何顽强抵抗，最终也是注定要输的，不是今天输，就是明天输，这就叫作形势比人强。所以在这个意义上，你说得很对，一个私有的中央银行，也比没有中央银行要强。

▷**小梅：**叔叔，您的回答有点出乎我的意料。可是如果这样的话，那么我们刚才的讨论又有什么意义呢？

▷**丹尼尔：**刘教授，我突然发现，您的孩子跟您一样，也学会了实事求是的态度。没错，小梅的问题，也正是我的问题。既然工业经济时代取代农业经济时代是历史的必然，既然一个私有的中央银行也比没有中央银行要好，那么我们刚才的讨论又有什么意义呢？

►**我：**当然有意义了。因为杰克逊主义还有另外一个十分重要的维度，那就是——人民的立场。其实，无论是杰斐逊还是杰克逊，当这些杰出的政治家在激烈反对私有中央银行的时候，他们根本就没有意识到自己是在代表落后的小农经济时代，支持他们不懈战斗的坚定信念，源自他们对中央银行属于私有的警惕和厌恶，以及对人民大众利益的关切和保护。换句话说，杰克逊主义反对“私有中央银行”这件事，其实是可以分为两个维度的：一个维度是反对“中央银行”，另一个维度是反对“私有”。在第一个维度上，杰克逊主义是错的；在第二个维度上，杰克逊主义又是对的。然而，由于时代的局限性，当时的“私有”和“中央银行”是完全扭结在一起的，因此杰克逊主义也只能一锅端了，把两个维度混为一谈，一起予以反对。而这正是我们人类千百年来最容易犯下的错误：用一个真理，去反对另一个真理；用真理的一个方面，去反对真理的另一个方面。

▷**小梅：**太棒了，叔叔，我忽然觉得自己一下子豁然开朗了。现在我明白了：为什么资本主义替代封建主义是一种历史的进步？为什么资本主义依然有着不可克服的内在矛盾？其实，从中学开始，教科书就老生常谈了：社会化大生产与生产资料私有之间的矛盾，是资本主义不可克服的矛盾，是资本主义经济危机的根源，也是资本主义必将失败、社会主义必将胜利的根本原因。说实话，这段话背我是会背的，但是似乎就没有真正明白过。今天，您的话让我一下子明白了：中央银行代表着社会化大生产的趋势，所以是对的；而中央银行私有则代表着生产资料私有的痼疾，所以是错的。两者之间的矛盾，的确就是资本主义的内在矛盾，也是资本主义经济危机频发的根源。否则的话，我们就不能解释，为什么在美联储成立之后，整个西方世界还会爆发出像1929—1933年那样的经济大危机呢？

▷**丹尼尔：**刘教授，小梅刚才所说的教科书我没有读过，所以我还不能完全明白她的意思——我是不是又掉坑里了？不过呢，虽然我的心里还有很多的疑问需要您继续澄清，但是我必须向您承认，截至目前，您的论证是严谨的，您的观点也是成立的：在西方社会，资本的确是在政治之上的。现在，为了免于用真理的一半反对真理的另一半，我猜您是不是应该论证另外半个问题了——为什么中国的政治是在资本之上的？

▷**余斌：**丹尼尔，您并没有掉进坑里，反而还提醒了我们：不要掉进另外一个坑里去。刚才的讨论真是引人入胜，我几次想要去帮你们添杯咖啡，都不忍心打断话头。现在，再按一下暂停键，小梅，咱们一起去吧台一下。

▷**小梅：**好嘞，余叔叔。

4

长期统一的地缘政治常态，堪称中国最为深刻的历史背景。由于长期缺乏外部的选择性竞争压力，中国的政治最终完成了对国家的垄断性控制，权力也成为中国社会的决定性力量。中国长期统一的地缘政治使得中国的政治成功地压制住了资本。

从咖啡馆的大门望出去，是花岗石铺地的步行街，结伴而来的人们正在逐渐增多。下午3点多，上海人的下午茶时间开始了。余斌和小梅为我们端来了一杯新咖啡。已经忘了到底从什么时候开始，午后咖啡逐渐成了自己的新习惯。不过，如果可以的话，其实我现在更希望能够来杯中国茶。

▷**小梅：**咖啡来啦，大家慢用。现在，叔叔们，请允许我按一下开始键，嘀嗒，讨论会继续开始。

▷**丹尼尔（笑）：**小梅，我有点羡慕你。要是我小时候也有一个叔叔，能够让我一按开始键，就会给我讲很多故事就好了——开个玩笑。刘教授，您现在可以带我们去另外一个坑里吗？我很想知道，为什么中国的政治是在资本之上的？

▶**我：**中国的政治的确是在资本之上的。原因其实也很简单：与欧洲长期分裂的地缘政治截然相反的是，中国的地缘政治是长期统一的。而且要记住：中国的统一是在一个大洲级别范围内实现的真正意义上的统一，与欧洲小打小闹的诸如“法国统一”“德国统一”等完全不是一个层次上的概念。当然了，最关键的问题还不在于面积的大小，而在于中国的统一是将当时目力所及的主要文明区域几乎全都囊括其中了。因此，在这个大一统国家之外，基本上不存在可以与之对等竞争的文明体。

▷**丹尼尔：**这真是人类文明史上不可思议的奇迹——一个大洲级别的国家，长达几千年的统一。难怪白鲁恂会说：中国不是一个国家，而是一个伪装成国家的文明。历史上中国周边的确还有很多小国家，比如越南，比如朝鲜等，不过要说与中国竞争，那还差得远了。事实上，他们本来就是接受中国册封的“藩属国”，长期受到中华文明的辐射和影响。有一次恰逢中国农历春节的时候，我到越南出差，结果你们猜我看到什么了？我居然看到家家户户都在门口贴春联，而且春联上写的居

几名儿童在越南的一个春节年货店里观赏灯笼

然还是汉字。越南改用拼音文字也有 100 多年了，估计大多数人现在都已经看不懂汉字了吧？没想到，到了过年贴春联的时候，还是让我们看到了上千年传承下来的那种文化本能。

▶**我：**纠正一下：白鲁恂的那句话不太正确啊，中国的确是一个文明，中国也的确是一个国家，只不过这个国家实在是太大了，大到了超出白鲁恂的历史常识，所以才会留下这句误导世人的名言。至于越南，丹尼尔说得很对，从越南的许多文化本能里，我们的确可以看到中华文明无处不在的影响力。其实，越南人何止学中国人贴春联，他们还学中国人搞科举呢。

▷**小梅：**哈哈，越南也学我们搞科举啊？

▶**我：**是的。唐朝的时候，越南属于中国，因此也和中国的其他地方一样，直接参加中国的科举考试，还中了不少进士。宋代的时候，越南脱离中国，于是开始自己搞科举了，准确时间是公元 1075 年——“安南立国，李氏设科举法，三岁一选，状元、榜眼、探花郎，为典故，给章服、騶从，以荣其归”。越南的科举，从李朝时期起步，陈朝时期步入正轨，黎朝时期达到鼎盛；经过西山王朝的短暂衰落之后，阮朝时期又重新开科取士。只不过，此时已经进入 19 世纪，法国入侵，越南也开始进入了乱世，科举自然也就逐渐衰败。1905 年，中国废除科举；越南愣了一会儿神，1919 年也废除了科举，比中国晚了 14 年时间，这也是科举制度在全世界范围的正式终结。

▷**余斌：**这也太有意思了。完全可以看得出来，越南的整个历史节奏都是跟随着中国，真可谓是亦步亦趋。

▶**我：**这些年，南海的局势比较复杂，越南总是在与中国争论南沙群岛究竟是谁先发现，谁先命名的。其实，不要说南沙群岛了，就是连越南这个国家都是中国先命名的。话说嘉庆七年（1802年），阮福映统一越南北部。次年，上表请赐国名“南越”。嘉庆皇帝对大学士们说：“‘南越’之名，所包甚广。考之前史，今广东、广西地亦在其内。阮福映即有安南，亦不过交趾故地，何得遽称‘南越’？”于是提笔一勾，将“南越”二字的前后顺序调换了一下，改成“越南”，取“百越之南”的意思。1804年，清朝正式册封阮福映为越南国王，越南这个国名就这样一直沿用到了今天。至于更早的国名“安南”，则出自唐代的“安南都护府”；到了南宋时期，正式册封为“安南国”。如果非要回溯更早的“南越国”，那干脆就是中国人建立的了：秦朝灭亡的时候，南海郡尉赵佗趁机封关、绝道，兼并岭南的桂林郡、象郡，并于公元前204年正式建立南越国，自号“南越武王”；只不过好景不长，到了公元前112年，为汉武帝南伐所灭——所以，说一句越南这个国家是中国命名的，应该不算太过分吧。

▷**丹尼尔：**原来还有这个历史典故啊。刘教授，说句题外话，跟您认识了这么久，我忽然明白了一个道理：学习中国文化其实应该首先学习中国历史。文化不过是生活方式的沉淀，其源头尽在历史之中，所以学文化是“知其然”，学历史才是“知其所以然”。不了解中国的历史，就不可能真正理解中国的文化。

▷**余斌：**丹尼尔说得对。我也忽然明白了一个道理：学习中国历史其实应该同时学习西方历史。中国和西方几乎就是一个对立统一的矛盾体，很多东西都是相反相成的。一个人如果没有见过黑的，就不知道什么叫白的。所以，不了解西方的历史，就不可能深刻地理解中国的历史；反之亦然。

▷**小梅：**两位叔叔说得对。我也忽然明白了一个道理：我一定要考到上海来读研究生。这样我只要一按开始键，就可以经常听到刘叔叔给我讲中国和西方的历史故事了。哈哈。

►**我（笑）：**好吧，小梅，那你就努力考到上海来吧。既然你们都突然对着历史大发感慨，那么我也来说两句。在我看来，历史几乎算得上是人文社科领域唯一的“硬科学”了。为什么这样讲呢？大家应该知道，现在有不少人往往不太看得上人文社会科学。这也不能怪人家，因为人文社科往往没有一个对错的标准，公说公有理，婆说婆有理，胡说八道居然也有理。这个问题当然比较复杂，我一时半会儿也说不完。不过，如果说人文社科领域也有“硬科学”的话，那么我认为应该首推历史学。原因也很简单：历史发生过就是发生过，没发生过就是没发生过；历史知识你知道就是知道，不知道就是不知道。历史是确定的，是真实的，是已经发生的，是不会改变的，也是有对错标准的。所以，搞人文社会科学，首先就应该学好历史，这是人文社会科学想要成为一门科学的最起码的底气。

▷**小梅：**嗯嗯，叔叔，我记住了，今后我一定要好好补补自己的这个短板。

▶**我：**咱们言归正传。与欧洲的长期分裂给欧洲带来战争与苦难相比，中国的长期统一首先为中国带来了和平与发展。关于统一可以带来和平红利这点，有一个很有趣，也很有说服力的例子。我们知道，2012 年，欧盟获得了诺贝尔和平奖。我记得很清楚，当时诺贝尔奖委员会的颁奖词是这么说的——“欧盟帮助欧洲从一个充满战争的大陆变成一个充满和平的大陆”。这句话说得没错，统一的确是消灭战争的最直接、最有效和最可靠的方法。因此，凭借着对欧洲和平的历史性贡献，欧盟的确是有理由得奖的。不过呢，要搞成统一这件事情，中国人就不需要等到 1945 年之后了，中国早在公元前 221 年就已经彻底完成了。所以你们说，谁应该最有资格得到诺贝尔和平奖呢？

▷**丹尼尔：**秦始皇！ Oh，My God！

▷**余斌（笑）：**哈哈。丹尼尔先生这是被自己的话给震惊到了吗？

▶**我（笑）：**丹尼尔，这话可不是我逼你说的哦！关于中国为什么会长期统一，那是一个超级大的问题，以后有机会我们单独再聊，今天我只能顺带说上几句。除了和平红利，中国的长期统一还给中国人带来了极其丰厚的发展红利。我们以农业为例：英国 13 世纪的《亨利农书》记载，英国农业当时的播种量与收获量与之比是 1∶3，也就是播种 1 磅种子，只能收获 3 磅粮食；至于公元 700 年的法兰克，那就更糟糕了：播种 1 蒲式耳种子，只能收获 2 蒲式耳粮食。而且，你也不能把这 2 蒲式耳都吃了呀，总还得留下 1 蒲式耳做来年的种子吧？你们说，这还能叫农业吗？这还让不让人活了？

▷**余斌：**这也太凄惨了吧？种 1 斤种子，只能吃 1 斤粮食？难怪我以前看那些描写中世纪的电影——比如《勇敢的心》，发现里面的老百姓总是穿得破破烂烂的。

▶**我：**没有比较，就没有伤害。我不想伤害欧洲人的自尊，不过历史事实是改变不了的：公元 6 世纪，北魏《齐民要术》记载，当时粟的播种量与收获量之比是 1∶24—200，麦类则更是达到了 1∶44—200——与同时代欧洲的农业水平相比，简直就不是一个等量级的。大家千万不要小看农业啊！要知道，人类文明史总共是 5000 年，农业史总共是 1 万年，而工业史总共只有 200 多年——18 世纪末，瓦特蒸汽机问世，工业革命才得以发动。换句话说，整个人类文明史基本上都被农业史所覆盖了——人类文明发动之前的 5000 年是农业，人类文明发动之后的 5000 年还是农业，只是到了最后 200 多年才有了工业。所以，在工业诞生之前的漫长年代，一个国家如果农业遥遥领先，那就是绝对的领先了。要知道，农业是一切的基础：有粮食就有人口，有人口就有分工，有分工就有效率；然后，在更高效率的基础上进行更好的合作，马太效应出现，文明螺旋式上升。在强大的农业基础上，古代中国不仅在政治和文化方面达到了很高的水平，而且在科学技术方面也得到了长足的进步。李约瑟认为，从公元前 3 世纪到公元 16 世纪，中国的科技曾经遥遥领先欧洲长达 1800 年以上；在全世界的 300 项基础性发明和发现中，中国曾经创造了其中的 175 项，占总数的 58%。

▷**丹尼尔：**李约瑟是个了不起的人。他的《中国的科学与文明》深刻地影响了很多西方人，让我们对古代中国人的聪明才智有了全新的认识。剑桥大学的李约瑟研究所如今还在，前几年我还曾去访问过。

▶**我：**研究中国古代科技文明史，李约瑟是一座绕不过去的高峰。他和他的团队的研究不仅为世界打开了中华古代科技文明宝库尘封已久的大门，也为我们留下了一道难解的“李约瑟之谜”。

▷**小梅：**“李约瑟之谜”？

▶**我：**这是李约瑟在长期研究中国古代科技文明的过程中产生的一个疑问。他一直在问自己：为什么在公元前 3 世纪至公元 16 世纪之间，在将人类的自然知识应用于实用目的方面，中国较之西方更为有效？为什么近代科学，关于自然界假说的数学化及其相关的先进技术，只是辉煌而短暂地兴起于伽利略时代的欧洲？如果用更简洁的语言来概括，那就是：为什么古代中国能够长期领先于世界？为什么近代中国却落后于西方文明？

▷**丹尼尔：**这的确是一个谜，我到现在也没有特别清晰的答案。

▶**我：**“李约瑟之谜”分为前后两个部分。后面的半个谜，我们以后有时间再说；前面的半个谜，我们其实已经有答案了，那就是：中国古代遥遥领先于欧洲的根本原因，就在于中国的长期统一。当然，要完整地论证这个问题，我们需要很长的时间，但是我们今天的主题不是这个。之所以会顺带谈到这个问题，是因为我想告诉大家：长期统一的地缘政治常态，堪称中国最为深刻的历史背景，它极大地影响了中国的政治、经济、社会、文化等方方面面，也极大地形塑了中国人独特的生活方式与民族心理。中国的政治之所以会长期在资本之上，无疑也正是拜它所赐。

▷**余斌：**我明白你的意思了：欧洲长期分裂的地缘政治导致了欧洲的政治无法压制住资本，而中国长期统一的地缘政治使得中国的政治成功地压制住了资本。

▶**我：**十分正确！由于长期缺乏外部的选择性竞争压力，中国的政治最终完成对国家的垄断性控制，权力也成为中国社会尊卑排序和资源配置的决定性力量。而一旦政治完成了对整个国家的垄断性控制，就不会再允许有任何竞争对手出现了。由于当时的政治已经与知识实现了结盟，因此，除了严厉对待内部的政治挑战者以及在特定时期防御游牧民族的入侵骚扰之外，资本自然而然就成了政治的主要打压对象。

▷**丹尼尔：**我明白了：由于中国的政治是垄断的，而资本是分散的，资本本来就已经不是政治的对手了。然后，政治又与知识结盟，联手来对付资本，那么资本自然就更加不是对手了。难怪您一开始就先介绍了那些背景内容，原来这场政治、资本、知识之间的“三国演义”还真的是挺有名堂的，的确可以用来分析很多问题。

▶**我：** 是的。就像刚才余斌所说的，有钱能使鬼推磨；钱给多了，人就能变成鬼了。你说，这天下有谁会不知道“孔方兄”的魔力？政治自然也深知资本的厉害，因此不惜采用各种办法，联合各种力量，对资本严加防范。在中国漫长的农业时代里，对资本的打压是与对农业的扶持相互联系在一起的，这就是著名的“重农抑商”政策。关于这点，清朝的雍正皇帝曾经说过一段很有代表性的话：“朕观四民之业，士之外，农为最贵，凡士农工商，借赖食于农，以故农为天下之本务，而工商皆其末也。”“重农抑商”因此又称“重本抑末”。

▷**丹尼尔：** 看来政治不仅与知识结盟，甚至还与农民结盟了。我看中国皇帝这是在有意地抬高农民的地位，故意把资本贬成了全天下最末流的行当。

▷**余斌：** 重农抑商在中国的确有很长的历史。从商鞅变法开始，秦国推行的就是耕战的国策。到了汉代，就已经开始实行盐铁官营制度。秦汉时期是中国大一统的开端，所以你说得很对：政治对资本的成功抑制，的确与大一统体制的建立有着千丝万缕的关系。

▶**我：** 商鞅变法的确就是以农为本的。《商君书·垦令》中说：“重关市之赋，则农恶商，商有疑惰之心。农恶商，商疑惰，则草必垦矣。”这句话的意思是，对市场的商品征收重

链 接

《商君书》与农战

《商君书》也称《商子》，现存26篇，是商鞅及其后学的著作汇编，也是战国时期法家学派的代表作之一。公元前356年和公元前350年，商鞅在秦国先后两次变法，许多变法理论和具体措施就记载在《商君书》中，其中又以重农重战的内容为最多。比如，《农战》篇提出："国之所以兴者，农战也。""善为国者，仓廪虽满，不偷于农。""国待农战而安，主待农战而尊。"《靳令》篇提出："农有余粮，使民以粟出官爵，官爵必以其力，则农不怠。"《算地》篇提出："故圣人之为国也，入令民以属农，出令民以计战。胜敌而革不荒，富强之功，可坐而致也。"《去强》篇提出："兴兵而伐，则武爵武任，必胜。按兵而农，粟爵粟任，则国富。兵起而胜敌，按兵而国富者王。"全书第二篇的《垦令》，更是提出了20种督促人民耕垦土地的办法，这些办法的最后一句话都是——"则草必垦矣"。

税，农民就会讨厌经商，商人也不愿意经商，这样就一定会去开垦荒地了。如果你们去读《商君书》，就会发现这样的话在全书中可谓比比皆是。为了达到重农抑商的目的，商鞅可真是没少给秦孝公出主意。

▷**余斌：**商鞅变法导致了强秦崛起，并最终统一了中国，是不是反过来也可以证明，这个重农抑商的政策基本上还是对路的？

▶**我：**那当然。就当时的历史背景而言，秦国的垦荒政策肯定是利大于弊的，否则秦国怎么可能在战国七雄的残酷竞争中脱颖而出呢？至于汉代的盐铁官营，情况就更复杂了些，当然也就更有意思了。

▷**丹尼尔：**哎呀，我就最爱听有意思的，您快说来听听。

▶**我：**一个国家的土地大致上可以分为两个部分，耕地和非耕地的山林池泽——秦国的垦荒针对的就是耕地，而不是山林池泽。汉代初期，耕地是私有的，国家收取田赋，所得归朝廷的大司农，用于政府开支；山林池泽是皇家所有的，允许私人开发，皇家收取商税，所得归少府，用于皇家开支。

▷**丹尼尔：**等等，中国的朝廷和皇家难道还不是一家人吗？

▶**我：**理论上当然是一家人了，但是实践上还是要分权的——亲兄弟都要明算账，朝廷与皇家当然也要明算账了。这套产权体系和税收体系其实也不是汉代发明的，而是历史形成的，是各方力量长期博弈的结果。在过去很长的历史时期里，耕地的产出占大头，山林池泽的产出占小头；田赋的收入占大头，商税的收入占小头；政府的开支占大头，皇家的开支占小头——这其实是比较正常的，也是比较合理的。然而，从战国时期开始，两个产业的崛起，逐渐打破了这个平衡——这两个产业，就是盐和铁。由于每个人都需要吃盐，也都需要用铁器来做生产工具，因此随着人口的增多和生产力的发展，这两个产业也就自然而然地成长为暴利产业。盐是在海边煮的，铁是在矿山炼的，说明这两个产业都属于山林池泽的范围，产权上属于皇家，开发则是由私人来的。因此，这两个产业的暴利自然也就由两家瓜分了——一家就是皇家的商税，另一家就是商家的利润。

▷**丹尼尔：**皇帝有钱了，商人也有钱了。这不是皆大欢喜吗？

▶**我：**理论上是的，实际上很快就不是了，因为汉武帝来了，大一统来了。秦虽然统一中国，但是秦朝只延续了15年就灭亡了，好多事都还没来得及做呢！汉朝最初的70年里，从汉高祖到汉惠帝，从汉文帝到汉景帝，几任皇帝又都在忙着做同一件事，那就是——休养生息。即便是被匈奴人欺负狠了，也都选择了忍气吞声，忍辱负重。就这样，经过了70年的休养生息，汉朝总算是缓过劲儿来了。《汉书》记载："京师之钱累百巨万，贯朽而不可校；太仓之粟陈陈相因，充溢露积于外，腐败不可食。""文景之治"留下的充沛国力，使得雄才大略的汉武帝终于有了施展抱负的物质基础。公元前129年，汉武帝主动发起了对匈奴的战略反击，从此大漠南北，战马嘶鸣；多少汉家男儿，壮怀西征。这场历时44年的汉匈大决战，基本上消灭了匈奴的有生力量，迫使曾经不可一世的匈奴向西避迁，从而为中华民族打下了宝贵的生存空间。

▷**小梅：**这段历史真的是令人荡气回肠。叔叔，我们都知道您最喜欢霍去病了。受您的影响，我也特别喜欢他。"汉家战士三十万，将军兼领霍嫖姚。""天兵照雪下玉关，虏箭如沙射金甲。"李白的《胡无人》写得真好。

▷**丹尼尔：**小梅，去年春节在映秀的时候，刘教授也跟阿依古丽和求吉卓玛讲了霍去病的故事。我现在发现了，他的英雄主义情结对你们这些孩子的影响真的很大。

霍去病墓前的一组石雕《马踏匈奴》

▶我（笑）：也许吧，丹尼尔。然而，这曲英雄史诗的谱写，不仅需要一群英雄炽热的家国情怀，还需要一个国家强大的实力支撑。战争是一台绞肉机，也是一只吞金兽，古往今来，概莫能外。汉武帝的连年征战，终于耗光了所有的积蓄，大司农的田赋入不敷出，财政实在是支撑不住了。汉代的田赋一直定得比较低，只有1/30，不过农业乃天下之本，农民还要当兵出征，过得已经很不容易了，因此田赋是不好乱改的。汉武帝也算是大公无私，就把自己少府的钱也都捐了出来，结果还是填不平这个财政窟窿。于是，汉武帝就号召天下的富商也一起来捐款。结果呢，这帮有钱人全是守财奴，根本就不理这个茬儿，除了一个叫卜式的富商之外，“豪富皆争匿财”——全国的富商都在装傻不吭气儿。《汉书·食货志》记载：“（富商贾）冶铸煮盐，财或累万金，而不佐公家之急，黎民重困。”

▷**余斌（笑）：**这还得了，皇帝都已经把自己的私房钱捐了，这帮守财奴居然还一毛不拔，就不怕汉武帝龙颜大怒，最后把他们拔得一毛不剩？

▶**我：**不幸而言中。汉武帝何许人也，岂能放过这帮守财奴——山林池泽本来就是皇家的产权，我恩准你们开发，暴利咱们三七开，你们得大头，我皇帝得小头。平时这也就算了，现在国家有难，将士们正在大漠与匈奴拼命呢，你们居然一毛不拔。好啊，那就别再长毛了，我全给你们拔了。公元前119年，也就是发动漠北之战的那年，汉武帝采纳桑弘羊“笼天下盐铁，排富商大贾”的政策建议，正式下令将国内所有的矿产、冶炼、铸造、采盐等行业收归国有，由政府直接经营，私营资本不得参与——这就是著名的汉代盐铁官营政策。

▷**丹尼尔：**这个汉武帝确实厉害，难怪能把那么剽悍的匈奴一路赶到欧洲去。这事儿也就在中国才有可能发生，在欧洲根本就不可能发生。刘教授，我很想知道，这个盐铁官营政策后来的实际效果究竟如何呢？它成功了吗？

▶**我：**那就要看从什么立场来看了。如果从那些盐铁富商的立场来看，盐铁官营何止失败，简直就是要命来的：你甭管我这经营权是怎么弄来的，反正你把我的聚宝盆给夺走了，那可都是白花花的银子啊——你说这盐铁商人心里恨不恨呢？可是，如果从国家和政府的角度来看，这盐铁官营的效果简直就是太好了。《史记》记载：“一岁之中，太仓、甘泉仓满，边余谷，诸均输帛五百万匹，民不益赋而天下用饶。”什么意思？盐铁官营政策仅仅推行了1年时间，政府就赚得盆满钵满的；政府有钱了，农民自然也不会吃亏——不用增加田赋，财政就够用了，农民的负担自然就会减轻，前方的将士自然也会受益。所以，从这个角度来看，盐铁官营不仅有利于政府，也有利于农民，唯一受到损害的，大概就是原来的那帮盐铁商人了。

▷**丹尼尔：**可是，这不就等于是政府和农民一起联手，把商人的财产给剥夺了吗？刘教授，为了多数人的利益剥夺少数人的财产，这种做法真的就是正义的吗？

►**我（笑）：**我就知道丹尼尔先生一定会有这一问。盐铁官营其实并不是没有问题，而且问题还不小——关于这点我会在后面专门谈到。不过，就当时的历史背景与法权关系而言，盐铁官营恐怕还谈不上是“为了多数人的利益剥夺少数人的财产”。

▷**丹尼尔：**哦，为什么这么说呢？

►**我：**因为从当时的法律制度来看，山林池泽的所有权本来就是皇帝所有的，只不过在实践中通过类似于特许经营的办法，授予盐铁商人开发权。虽然从现代法律的角度来看，开发权当然也是一种财产权，理应受到法律的保护，但是古代中国的法律制度根本就没有那么严密，对所有权之外的其他物权也没有明确的规定。因此，从理论上说，所有权的弹性力应该还是比较大的，理应保留着在特殊情况下撤销经营许可，收回盐铁开发权。即便需要补偿，那也是另外一回事了。其次，别忘了皇帝还有一个身份，那就是国家和政府。国家为了重大公共利益，的确可以运用公权力合理地抑制私权利，这也是古往今来都说得通的道理，关键是理由够不够硬，抑制够不够合理。而就当时而言，国家正处在与匈奴交战的战争时期，财政十分困难，因此对盐铁这样的战略产业实施战时经济管制，也不是没有道理的。也正因如此，当匈奴边患基本解除之后，盐铁官营制度是否还需要继续下去，就成为当时朝廷争论的焦点，并最终引发了一场史无前例的经济政策大辩论，史称“盐铁会议”。

▷**丹尼尔：**哦，盐铁会议？大辩论？

▶**我：**汉昭帝六年（公元前 81 年），辅政大臣霍光以昭帝名义，令丞相田千秋、御史大夫桑弘羊，召集贤良、文学 60 余人，就武帝时期的各项政策，特别是盐铁官营政策，进行全面的总结和辩论。

▷**丹尼尔：**等等，刘教授，什么叫“贤良”“文学”？

▶**我：**也就是汉代察举制选拔出来的人才。察举制是由汉武帝创立的，也叫荐举制，是科举制的前身。汉代的公卿、郡守等高级官员都负有举荐人才的责任，平时就要主动发现和储备人才，然后按照皇帝的诏令举荐至朝廷。皇帝会亲自问策，分别高下，授予官职。一般对一策就结束了；水平高的还会有二策、三策，比如董仲舒就是连对三策，被授予江都相——这就是中国历史上著名的“天人三策”。“贤良”与“文学”都是属于察举的科目，“贤良”指的是贤能之士，“文学”指的是经学之士。这次盐铁会议，就是诏令三辅、太常各举“贤良”2人，郡国各察举“文学”1人，总共60余人。

▷**余斌：**那这种察举会不会有裙带关系呢？

▶**我：**说一点都没有裙带关系，那肯定是假的。但是你要知道，皇帝是要挨个儿地亲自问策的，请问哪个敢把次品举荐上来？还有，如果哪个人才最后出了问题，举荐他的官员是要承担连带责任的，你说有哪个官员愿意拿自己的乌纱帽甚至脑袋开玩笑的？所以，只要皇帝不是太糊涂，察举制还是相当有效的一种人才选拔体制，否则西汉加上东汉，又怎能延续400多年呢？再说了，汉武帝这个人本来就举贤不避亲的——卫青是他的小舅子，霍去病是他的外甥，要说裙带关系，这两个人是最典型不过的裙带关系了；可是要说打匈奴，这两个人估计也是全中国最能打的了。汉武帝一生文韬武略，可我最佩服他的，就是他不拘一格的精准用人：经济上用桑弘羊，政论上用董仲舒，军事上用卫青、霍去病，著史用司马迁，谏诤用汲黯，出使西域就用张骞，而一个俘虏过来的匈奴养马奴隶金日磾，汉武帝居然让他负责贴身保卫自己，最后还选为托孤的重臣——这眼光也没谁了，要知道汉朝当时正在与匈奴生死大战呢。武帝一朝，始终人才济济，班固由衷赞叹：“汉之得人，于此为盛。”在我看来，当皇帝最重要的事情就是用人，不要什么事情都自己逞能——天下多少事啊，一个人哪能什么都懂呢？而只要你愿意任用贤人，天下的每件事，你都能找到帮你搞定它的人。

▷**小梅：**刚才叔叔说的这些人，那可都是历史上的大牛。这么多的大牛，当时居然全都为汉武帝所用，难怪汉武帝能够为中华民族开创绵延 2000 多年的大一统基业。

▷**丹尼尔：**我过去只知道中国有科举制，没想到察举制原来也这么厉害，今天我算是领教了。汉武帝所用的这些人在经过了 2000 多年之后依然能够在历史上拥有如此之高的地位，反过来也证明了察举制的威力。

▶**我：**关于察举制，可聊的那就太多了。咱们还是言归正传，继续说盐铁会议吧。此次盐铁会议的议题是“民所疾苦，教化之要”，说白了就是全面检讨汉武帝时期的内外政策，其中的核心议题，就是辩论盐铁官营制度的得失与存废。辩论的一方是以桑弘羊为首的政府官员，另一方是来自民间的贤良文学。贤良文学认为，盐铁官营是在与民争利，并导致民风败坏，所以应该废除盐铁官营，重视农耕，抑制官商；而以桑弘羊为首的政府官员承认政策执行中产生了一些流弊，但是认为盐铁官营不仅是抗击匈奴的经费来源，而且抑制了豪强的兼并之路，还可以济民救灾，对老百姓是有好处的。这场不可思议的政策大辩论自年初开始，至年中结束，整整持续了近半年的时间，双方均可十分自由地表达意见。反方人数多达 60 余人，人多嘴杂力量大；正方一辩桑弘羊舌战群儒，先后发言了 114 次；丞相田千秋充当裁判兼和事佬，保持中立态度，基本不发言，发言和稀泥；至于操盘手霍光，则不出席此次会议，而是暗中观察，再行定夺。

▷**余斌：**我的乖乖，这也太牛了吧？中国历史上居然还有这种事情？简直就像是西方的议会在质询政府官员，而且一质询就是这么久。谁说中国古代没有民主，这不是民主是什么？

▷**丹尼尔：**我也正想说这话呢。刘教授，我学习了10多年的中国文化，一度以为自己对中国挺了解的，没想到中国的历史中还深藏着这么多不可思议的东西，真是令人叹为观止。现在我才真正理解了，什么叫作中华5000年文明，源远流长，博大精深。

▶**我：**古代中国的朝堂之上其实是很民主的，这就是政治与知识结盟的优势所在：大家都是知识分子，学的都是孔圣人的道理，所以凡事都要讲究个以理服人——有权力，也得讲道理啊。在这种情况下，只要皇帝不太糊涂不太坏，真理就总是越辩越明的；即便是皇帝平庸点，也有的是能人来帮你治国，事情就不至于太糟糕；当然了，如果这皇帝实在是太糊涂、太坏了，那么知识分子最终也是实在挡不住的——而那个时候，就是王朝周期律发动的时刻来临了。所以，依我看，古代中国知识分子主政的制度安排本身并没有什么问题，问题是出在皇权制度身上的，这才是古代中国精英政治真正的阿喀琉斯之踵。至于这个问题的解决方案，自然还是当年“窑洞对”时所说的那句话——“我们找到了这条新路，那就是民主。”

▷**丹尼尔：**刘教授，以您对我的了解，您一定会猜我又该追问民主的问题了吧？没错，我的确一直想请教您这个问题。

但是，为了让您这次没猜中，也为了让我们的讨论不被打断，我决定暂时忍住不问。我现在要问的是：这次盐铁会议的最终结果是什么？盐铁官营制度后来被取消了吗？

▷**余斌（笑）：**丹尼尔这一招叫作“虚则实之，实则虚之”。这招《三国演义》里面最常用了：我猜你会猜我会这么猜，所以我就偏偏不这么猜。

▷**小梅（笑）：**余叔叔，您就别绕口令了，丹尼尔叔叔要被您绕晕过去的。

▷**丹尼尔（笑）：**我不晕，在听到刘教授的答案之前，我会坚持住的。刘教授，快告诉我，盐铁会议的结果是什么？

▶**我：**盐铁会议的这场大辩论，从场面上看，贤良文学人多势众，似乎在气势上占了上风；其实，从内容上看，双方基本上是旗鼓相当的；如果从结果上看的话，我认为桑弘羊反而获胜了，因为会议结束之后，朝廷仅仅罢去了郡国酒榷和关内铁官，也就是把酒的专卖以及部分地区的铁器专卖取消了，其他各项政策仍维持不变，整个盐铁官营制度依然没有动摇。

▷**小梅（笑）：**讨论盐铁，结果酒躺枪了，酒表示自己很无辜。

▶**我：**盐铁会议没能废除盐铁官营制度，说明这个制度在当时的历史条件下还是有其合理性的。从利益格局的调整上看，盐铁官营有利于国家，有利于百姓，唯一不利的就是原来牟取暴利的盐铁商人。如果我们从静态的、平面的法权视角来看，一个社会的确不能以大多数人利益为由随意剥夺少数人的财产；然而，如果我们从动态的、立体的历史视角来看，如果一个权力结构不合理到了一定程度，的确是有可能发生革命性突变的；而如果这次突变的结果还是不合理的话，那就还有可能发生下一次突变，直到这个权力结构渐趋合理为止——这的确是一个不以人的意志为转移的历史规律。说得具体一点：不管是盐铁商人，还是皇帝，他们的权力都是在历史中形成的。这种形成过程可能是合理的，也可能是不合理的。因此，从本质上说，历史上你做过了什么，目前你又拥有着什么，都不是一个权力最重要的合法性来源。一个权力最重要的合法性来源，首先在于它当下的存在应该是有利于社会，有利于人民的——至少也应该无害于社会，无害于人民的。如果一个权力的存在已经不合理到了损害社会、损害人民的时候，那么这个权力是注定要被颠覆的。这个道理，对于政治权力是适用的，对于资本权力同样也是适用的。所以，法权告诉你，合法性源自历史；历史却告诉你，不，合法性源自当下和未来。如果借用《共产党宣言》的话，那就是："在资本主义社会里是过去支配现在，在共产主义社会里是现在支配过去。"

▷**小梅：**叔叔，这是我听到的您今天说得最抽象的一段话了，然而不知何故，我居然全都听懂了。

▷**余斌：**我也听懂了。没错，对于一个政治权力来说，无论历史上你做过什么，有多大的功劳，如果现在你不为人民服务，甚至损害人民利益的话，那么早晚也是会被历史所无情抛弃的。同理可证，对于一个资本权力来说，无论历史上你是怎么得来的财富，是勤劳致富也好，是坑蒙拐骗也罢，如果现在你的存在已经严重损害到了人民利益的话，那么早晚也是会被历史无情抛弃的。

▷**丹尼尔：**刘教授，您说得的确很有道理，但是我还是有点保留意见：我觉得，保护当下的财产权，也是对过去劳动的奖赏，这样才能够激励人们去不断地创造财富，否则这个社会就会失去发展动力，也会失去秩序的。

▷**小梅：**丹尼尔叔叔，这个问题我来试着替叔叔回答吧。我觉得，叔叔是学法律出身的，不可能不明白保护财产权的重要性。我理解叔叔刚才的话，是从历史的维度来说的，是超越于法律层面之上的。丹尼尔叔叔，我问您一个问题好不好？如果有一个政治家，他在历史上为人民立过很大的功劳，并因此获得了执政地位，那么这个政治家能不能从此就躺在功劳簿上，把权力当作自己的私有财产，恣意妄为呢？如果人民要剥夺他的执政地位，那么这个政治家能不能说：我的执政地位是对我过去功劳的奖赏，你们是不可以剥夺的？

▷**丹尼尔：**当然不能这么说了。

▷**小梅：**那为什么同样的逻辑放在了资本的身上，就不适用了呢？如果一个资本的存在已经对社会和人民产生了很大的损害，那么社会和人民为什么还要刻舟求剑，继续无条件地保护他的权力呢？

▷**余斌：**哇哦，小梅厉害啊，我看你太适合学法律了。你赶紧考到上海来，让刘叔叔好好培养培养你。

▷**丹尼尔：**小梅你好厉害，我被你一下子说得有点儿还不了嘴了。

▷**小梅：**没有啊，我一点都不厉害的。不好意思，丹尼尔叔叔，我刚才只是听了叔叔的话，突然有感而发而已，您千万别介意啊。

▷**丹尼尔（笑）：**没关系。不过，刘教授，虽然我承认小梅说得有道理，但是如果您的论证想要说服我，那还需要给我最后一块拼图：汉代盐铁商人的存在，是不是真的已经损害到了社会和人民的利益？

▶**我：**的确可以这么说。从理论上说，盐和铁是当时国家的命脉所在，一旦为私人所操纵，的确会威胁到公共利益和国家安全；一旦放纵开来，也一定会威胁到人民的切身利益；当然了，也会产生破坏性开采的危险。从实际表现来看，在实行盐铁官营之前，富商大贾的确利用自己手中控制的盐铁，与官府进行着各种形式的斗争。比如：囤积居奇，哄抬物价，这是资本的老把戏了，就像晁错在《贵粟疏》中所说的："商贾大者积贮倍息，小者坐列贩卖，操其奇赢，日游都市，乘上之急，所卖必倍。"又比如：势力坐大，称霸一方，就像桑弘羊在盐铁会议上所说的："往者，豪强大家得管山海之利，采铁石鼓铸，煮海为盐。一家聚众，或至千余人，大抵尽收放流人民也。远去乡里，弃坟墓，依倚大家，聚深山穷泽之中，成奸伪之业，遂朋党之权，其轻为非亦大矣！"当然了，这些话基本上都是站在官方立场上说的。如果从中立角度来看，资本的这些问题还不算太糟糕，你也可以把这些事理解为资本与政治之间的一种竞争。资本做得最糟糕的事情，其实是——兼并土地，让农民为奴。要知道，土地是农业的根本，也是农民的命根子，官府都老老实实保护农民的土地私有权，多加点田赋都不敢，你说这帮有钱人为什么偏要这么肆无忌惮呢？一有钱就想着兼并土地，难道就没有想过每块土地都是农民的命根子吗？这不，公元前 114 年，政治清算来了，汉武帝发布“告缗”，也就是发动老百姓告发偷税漏税。结果呢，这些商人吃进去的又都吐出来了——“财物以亿计；奴婢以千万数；田，大县数百顷，小县百余顷；宅亦如之。”

▷**余斌：**以我对资本多年的了解，我相信这种事他们是干得出来的，我也知道他们干这种事背后的心态是什么：商人赚钱，本来就是多多益善；既然有钱，能任性为什么不任性呢？反正我又不当官，又不需要对谁负责，既没有政治上的约束，也没有什么道德上的约束，我爱怎么花钱，就怎么花钱，你管不着。

▷**丹尼尔：**好吧，我无话可说了。虽然我的心里总觉得还有一些隐隐然的担忧和疑问，但是一下子又不知道该怎么表述，而且我也必须承认，你们的说法的确是有道理的。其实回想起来，刚才刘教授只不过是想借汉代的盐铁官营制度，来证明中国的政治是在资本之上的，结果被我一路追问到了现在。现在，咱们还是言归正传吧。刘教授，汉代的盐铁官营制度后来一直被延续下去了吗？

►**我：**您说得很对，我的确是在借汉代的盐铁官营制度，来证明中国的政治是在资本之上的。这样的制度的确也有其不合理的地方，关于这点我会在后面慢慢解释，希望届时也能去除您心中的担忧和疑惑。盐铁官营制度历朝历代都有，但是会根据实际情况进行调整。这个制度的鼻祖其实是春秋时期齐国的管仲，不过他的"官山海"政策，是指盐铁专卖，而非盐铁专营；至于西汉的盐和铁，其实也是不太一样的：盐是盐民生产，政府专卖；铁则是政府一条龙全部专营。此后历朝历代的盐铁，有的专卖，有的专营，有的征税。到了后面，基本上是盐专卖，铁征税，总体上还是呈现出不断放松管制的趋势。

▷**余斌：**原来一部盐铁史，就是一部政治与资本的斗争史，今天我算是学习了。其实，说起中国政治与资本的斗争，我刚才老早就想到了一个人——沈万三。

►**我：**没错，明朝沈万三的故事，的确堪称中国政治与资本之间斗争史上最典型、最传奇，也是最具戏剧性的故事了。

▷**丹尼尔：**哎呀，我最爱听这种故事了。您快说来听听，让我换换脑筋，刚才盐铁的事情可太烧脑了。

►**我（笑）：**既然丹尼尔这会儿喜欢听故事，那我就真的把这件事儿当成故事来说了哦！话说当年朱元璋打天下的时候，苏州有个商人叫沈万三，不知道是因为"通番"——也就是走私，还是因为家里真的有个"聚宝盆"，反正"资巨万万，田产遍于天下"，简直就是富可敌国了。朱元璋攻打苏州城的时候，这沈万三估计也没看出朱元璋有什么帝王相，于是就出钱鼎力支持张士诚守城，结果重赏之下必有勇夫，搞得老朱费了8个月的劲儿才破城。等到朱元璋得了天下，沈大财主一看大事不妙，赶紧花钱消灾表忠心。刚好那个时候朱元璋在修南京城墙，缺钱缺得厉害。于是，沈万三主动凑了上去，要求出1/3的钱——看看，什么叫富可敌国？这就叫富可敌国！要知道，那可不是一般的城墙，当年明朝动员了全国28万民工，烧制了3.5亿块城砖，历时28年，才修成了这座举世无匹的城垣。南京城墙我去看过多次，的确十分了不起，每块城砖上都刻着建造者的名字，黏合剂是用糯米汁加石灰制成的。整座城垣固若金汤，历经600多年的风雨，至今依然屹立不倒，是世界上最长、规模最大、保存原真性最好的古代城垣。你想想看，这么一个举全国之力修建的超级工程，沈万三拔了根毛就出了1/3，

南京明城墙墙砖

你说这朱元璋的心里能不犯嘀咕吗？不过此时正当用钱之际，所以朱元璋咬咬牙，还是接下来了。沈大财主一看，呀，这马屁好像拍对了嘛，于是乐陶陶地加码了，“请犒军”——让我再出笔钱给部队的兄弟们吃吃喝喝吧，他们都辛苦了。这下子用力过猛，马屁拍到马腿上了——你这手伸得也太长了吧，竟敢收买朕的军队？你想造反啊？《明史·马后传》记载：“帝忍曰：匹夫犒天下之军，乱民也，宜诛之。”这个“忍”字用得真是很传神，一个字就把朱元璋咬牙切齿、忍无可忍的模样全给刻画出来了。你看，在中国的政治面前，再有钱也还是个“匹夫”，胆敢炫富就更是个“乱民”，露头就打，绝不姑息——在政治精英挂帅的古代中国，资本精英的地位和命运大抵上就是如此吧。一看朱元璋要杀人，马皇后赶紧劝谏说：我听说法律这个东西，是用来诛杀不法之徒的，不是用来诛杀不祥之人的。老百姓富可敌国，是老百姓自己不祥。这种不祥之民，老天爷自会降祸于他，陛下又何必杀他呢？听马皇后这么一说，朱元璋总算是消了点气，于是就把沈万三流放到云南去了。

▷**小梅：**呀，这沈万三流放到我们云南啦？

▶**我：**哈哈，沈万三与朱元璋的这个故事在《明史》中确有记载，不过究竟是真是假，学界还是有争议的。有人考证了，说是老沈和老朱的年龄对不上号，老朱坐天下的时候，老沈应该已经翘辫子了，不可能帮老朱修筑城墙。所以，小梅，这沈万三究竟有没有流放到云南去，我也不确定，你就把它当成一个故事听吧。我之所以会给大家讲这个故事，是因为虽然这个故事本身可能是虚构的，但是它背后的逻辑却是真实的。当然了，后世的老百姓可不管你正史野史的，把沈万三的故事越编越神，说是朱元璋在南京城墙的竣工宴会上还给沈万三“素封”了一个“白衣天子”的绰号。这简直就是唯恐天下不乱了：俗话说“王不见王”，“白衣天子”见到了“真命天子”那还有救？编出这样的传说，颇有点“精英台上干架，平民台下看热闹”的心理。其实这几千年来中国精英干架，资本就没有赢过政治的时候，沈万三斗不过朱元璋，胡雪岩也玩不过李鸿章，这一台戏本来就没有多少悬念可言。老百姓既爱编又爱传，大概也是在借机发泄一下几千年如一日的“仇官仇富”情绪罢了——“狗咬狗，一嘴毛”。

▷**丹尼尔：**你说这个沈万三也真是够倒霉的了，钱出了那么多，人还差点被杀了。看来在中国，资本的确不是政治的对手，也难怪后来中国的资本主义发展不起来。

▷**余斌：**说到中国的资本主义发展不起来，我就想到前些年的一部电视剧《乔家大院》。当年山西票号商人乔致庸借了一笔银子给朝廷做军费，等到战争结束之后，就准备去京城讨回来。结果呢，不仅钱没有讨到，人还被下了狱，差点被砍了脑袋。最后，乔家倾家荡产地又赔了朝廷一大笔银子，总算是把一条命给赎了出来。我当时一边看着电视剧，一边就在感慨：这什么破朝廷，一点契约精神都没有，一点信用也不讲，难怪中国古代的票号始终发展不成现代的银行，也难怪中国明清时期就有了资本主义的萌芽，却始终发展不出资本主义来。

▶**我：**没错，这就是政治在资本之上最糟糕的地方——关于这个问题，我后面会专门再聊。余斌，刚才你说到了票号，让我想起了一件很重要的事，那就是中国古代的货币问题。

▷**丹尼尔：**对啊，前面您在讨论西方社会资本在政治之上的时候，就一直盯住货币发行权这个关键问题不放的。现在，您能不能也给我们讲讲中国历史上的货币发行权问题呢？

▶**我：**好的，丹尼尔。比起中世纪的欧洲，古代中国的货币还是十分可圈可点的。中国是世界上最早使用货币的国家之一，有着长达 5000 年的货币史。贝壳应该是中国最早的货币。在 1976 年河南安阳发掘出来的妇好墓中，人们发现了 6800 枚海贝，这说明商代很可能是使用贝壳作为货币的。这种海贝不是普通的贝壳，它们来自离安阳非常远的印度洋，也不知几经辗转才来到了中国，因此在稀缺性上还是比较有保证的。不过，大概也正是因为太稀缺了，估计不太够用，所以在安阳出土的其他商代坟墓里，人们还发掘出了用青铜仿制的贝壳。这一方面说明了自然货币正在向人工货币过渡，另一方面也从侧面证明了，贝壳的确应该是商代最早的货币。

▷**小梅：**我想肯定是的。你看现在中国文字里几乎所有与财产有关的字，都是用“贝”来做偏旁部首的——甲骨文就是商朝的文字系统，我想人们在造字的时候，肯定受到了同时代货币系统的影响。

▶**我：**是的。妇好墓的主人妇好是商王武丁的妻子。妇好去世之后 100 多年，周武王灭商。在赏赐有功之臣的时候，周武王“赐贝卅朋”给了一个叫何的贵族。何于是铸造了一个青铜尊，把这件事刻成铭文，作为纪念。这些文字十分确凿地证明，当时中国的确是用贝壳作为货币的。顺便说一句，在何尊总共 122 字的铭文里，第一次出现了“中国”这个称谓，这也是一件值得我们每位中国人记住的大事。

▷**丹尼尔：**好吧，我不是中国人，不过我也记住了。

▶**我（笑）：**丹尼尔，您已经是个中国通了。由于海贝的稀缺性不能满足经济发展的需要，于是随着金属冶炼铸造技术的提高，铜币逐渐替代了海贝成为流通货币。春秋时期，中国正式进入金属铸币时代；到了战国，各国自行铸造铜币发行，逐渐形成了布币、刀币、环币、蚁鼻钱四大货币系统。

▷**余斌：**然后，秦始皇统一中国，统一度量衡了。一切都是那么的顺理成章：政治上定于一尊，货币上自然也就定于一尊了。

▶**我：**没错，这件事我们中国人最熟悉不过了。政治上的统一与货币的垄断发行，的确就像是一对如影随形的双胞胎。秦朝的货币分为黄金和铜钱两种：黄金为上币，以镒为单位，1 镒等于 20 两；铜钱为下币，以枚为单位，币面铸有“半两”二字，表明每枚的重量是半两，史称半两钱，也就是方孔圆钱。这种样子的铜钱，中国人一用就是 2000 多年，“孔方兄”也因此成了对钱的戏称。当然，最值得强调的事情是：秦朝的方孔圆钱，乃是世界上最早的政府法定货币。

▷**丹尼尔：**想来必定如此。秦始皇既然已经统一中国，政治上的对手都已经被消灭了，资本就更不可能是他的对手了。

▶**我：**是的，在随后的历史发展过程中，这个逻辑可谓是贯穿始终的：政治分裂，各个割据政权就各自发行货币；政治统一，货币发行权就收归中央。如果从政治与资本的关系角度来看，在政治分裂或中央政权比较软弱的时候，政府有时候也会允许商人铸币；即便不允许，商人也会盗铸货币，从而导致整个货币系统陷入混乱乃至彻底崩溃。然而，一旦政治统一，尤其是在中央政权比较强大的时候，中央政府必定牢牢掌控货币的发行权，绝不允许任何地方或商人染指。汉初时期，中央政权软弱，于是“郡国铸钱，民多奸铸，钱多轻”。然而，汉武帝亲政后，这种货币乱像自然也就 game over 了：公元前118年，汉武帝下令废除汉初郡国制币权，改由中央统一铸币；设“上林三官”即钟官、辨铜、均输，组成中央铸币机构专门负责铸造高质量的五铢钱，也称上林钱和三官钱，从而改变了国家货币混乱的状态。《汉书·食货志》记载：“于是悉禁郡国毋铸钱，专令上林三官铸。钱既多，而令天下非三官钱不得行，诸郡国前所铸钱皆废销之，输入其铜三官。”

▷**小梅：**叔叔，我怎么感觉中国古代的货币系统好像比西方的还是要更合理一些呢？我不知道是不是自己思维习惯的原因，但是我总觉得，政府发行货币，好像总归要比商人发行货币更靠谱一些——当然了，前提是这个政府自己不能太不靠谱了。另外，中央政府发行货币，好像也总归要比地方政府发行货币更靠谱一些——这点我想应该没有太大的问题。

▷**余斌：**我也有同感。我也觉得，只要政府比较靠谱，那么由它来发行货币，总归还是比较让人放心的。

▶**我（笑）：**政府靠不靠谱我不知道，不过我相信你们的感觉应该是比较靠谱的。没错，这就是古代中国货币系统的优势所在，也是古代中国之所以能够遥遥领先西方的原因之一。从立场上看，政府毕竟代表着公共利益，不像商人只代表着私人利益；从实力上看，政府的实力也不是商人所能比拟的，尤其是统一时期的中央政府，更是任何商人都不可能望其项背的。立场+实力=信用。货币的本质，其实就是信用。如果这一点在金属货币时代还不能完全显现出来的话（因为稀有金属毕竟本身是有价值的），那么到了纸币时

链 接

飞 钱

飞钱，是中国历史上早期的汇兑业务，本身不介入流通，不行使货币的职能，因此不是真正意义上的纸币，类似于今天的银行汇票。飞钱始于唐宪宗年间，《新唐书·食货志》记载：“宪宗以钱少，复禁用铜器。时商贾至京师，委钱诸道进奏院及诸军、诸使富家，以轻装趋四方，合券乃取之，号‘飞钱’。”在商业发达的唐代，各地商人运货到京城出售，所得的大量钱币带回去既不安全又不方便，因此商人们将钱币交给各地驻京的进奏院（类似于驻京办事处）和有关机构，或交给在各地有分支机构的富商，由这些单位发给半联凭证，另半联凭证寄回各地的相应单位。商人回到本地区后，经验证相符，便可取款，顾名思义曰“飞钱”。唐代的飞钱，堪称交子、会子等纸币的前身，《宋史·食货志》记载：“会子、交子之法，盖有取于唐之飞钱。”

代，货币发行者的信用对于货币的重要性就完全凸显出来了。

▷**余斌：**难怪世界上最早使用的纸币出现在中国——四川的交子！

▷**丹尼尔：**嗯，我也知道交子，好像是宋代的时候发明的。

▶**我：**纸币的产生，刚开始总是和金属货币太重、不方便有关系，交子也不例外。比起金银，铜钱已经够重了，没想到宋代的时候，四川还有个更重的家伙——铁钱。铁的稀缺性远远比不上金银铜，所以价值含量实在是太低了，据说当时买 1 匹罗的话，需要 2 万个铁钱，重达 130 斤。

▷**小梅（笑）：**130 斤！扛都扛不动。叔叔，四川为什么不用铜钱或者金银，非要用这么笨重的铁钱呢？

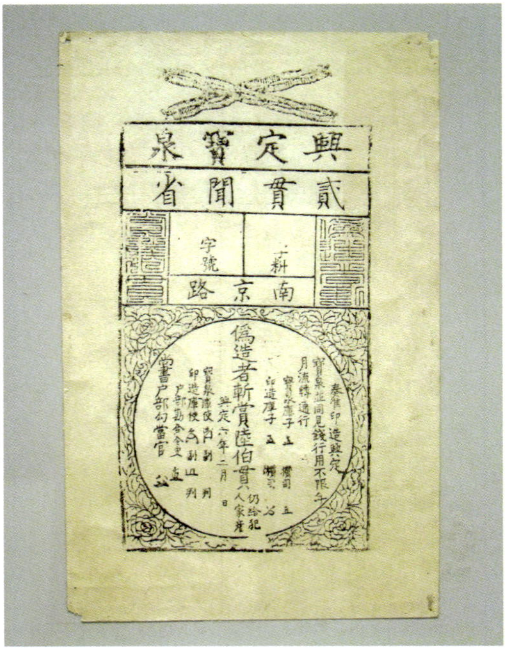

北宋交子

▶**我：**这有可能是为了防止珍贵的稀有金属资源流向西部少数民族政权——宋代的四川其实是被敌人包围的前线地区；也有可能是因为铁钱过度发行——毕竟铁太不稀缺了，当然了，也有可能是这两个因素的叠加。反正，最糟糕的处境倒逼出了最好的创新，世界上最早的纸币——交子出现了。最早的交子是由成都商人发行的，好用是好用，但是很快就开始滥发了，于是，政府介入了。公元 1005 年，益州知州张咏对交子铺户进行整顿，剔除不法之徒，交由 16 户富商垄断经营，交子的发行正式取得了政府认可。然而好景不长，过了一段时间，私人交子的信用又出问题了，于是政府再次介入：公元 1023 年，中央政府在成都设立益州交子务，由京朝官一二人担任监官主持交子发行，并“置抄纸院，以革伪造之弊”。这就是世界上最早由政府正式发行的纸币——“官交子”。

▷**余斌：**说明还是信用的问题。说一千道一万，纸币比拼的就是货币发行者的信用。看来在中国，政治的信用的确还是比资本的信用要好一些，虽然严格衡量起来也是问题多多。

▷**丹尼尔：**刘教授，我终于听明白了：由于中国政治的长期统一，也由于政治与知识的长期结盟，使得政治在对国家和人民承担责任的能力和意愿方面远远地超过了资本，因此不管是盐铁经营，还是货币发行，历史最终都选择了由政治来主导，资本充其量只是一个配角。所以，刘教授，您的观点是正确的：在中国，政治的确是在资本之上的；而在欧洲，资本的确是在政治之上的——两者形成了鲜明对比。

▶**我：**政治在资本之上的历史常态也延续到了近代的中国。在古代中国，农业是核心产业，工商业本身就不发达，因此重农抑商的政策缺陷并不是最突出。然而，到了 1840 年之后，资本主义生产方式传入中国，工商业时代开始了。不大力发展工商业，中国就是死路一条；可是要大力发展工商业，就不可能不发展民营资本。如此一来，政治又该如何处理好自己与资本之间的关系呢？经过一番盘算，近代政治的回答是：官督商办。于是，在洋务运动的号角声中，近代中国诞生了轮船招商局、开平煤矿、汉阳铁厂等一批著名的官督商办企业，并直接推动了中国近代化的进程。

▷**丹尼尔：**什么叫作官督商办？资本与政治这次究竟是怎么合作的？

►**我：**官督商办的确是政治与资本的一次合作，也是两者关系的一次创新。这种创新的合作模式，用李鸿章的来说，那就是“由官总其大纲，察其利病，而听该商董等自立条议，悦

轮船招商总局旧址外观

服众商”“所得盈亏，全归商人，与官无涉”。简单说就是，政府把握方向，给政策，给贷款，但不参股，商人自主经营，自负盈亏。

▷**丹尼尔：**这种合作模式听上去很美，实际上能做得到吗？

▶**我：**应该说部分实现了。举个例子：轮船招商局成立后，英国的太古、怡和，美国的旗昌轮船公司曾经联合起来，通过大幅降低运费的方式来打击轮船招商局。李鸿章就筹借官银，以低息贷款、漕运专营等方式进行反击，最后迫使外资轮船公司坐下来与轮船招商局谈判，共同制定市场规则。4 年后，美国旗昌轮船公司反而被轮船招商局挤垮破产，最后被轮船招商局以 220 万两银子收购了。

▷**余斌：**这等于是中国的政治与资本联手，共同对抗外国资本的挤压。想想也是，近代中国想要在列强环伺的险恶环境下走出一条自强之路，这的确是一个有效的方法。

▶**我：**没错，“收回利权，自强国富”的确是近代中国政治与资本联手合作的共识基础之一。比如湖北广济煤矿的试办章程就是这么写的：“居今而言利，仅当分中外，不当分官民，并不当分官商也。特此类创举，责之民办，而民无此力；责之商办，而商无此权；责之官办，而官不能积久无弊。惟有援照轮船招商局官督商办之一法，商集其费，民鸠其工，官总其成，而利则商与官、民共之。”

▷**小梅：**叔叔，我觉得这段话在很大程度上应该是真诚的，无论如何，中国人首先都是爱国的。近代中国受尽屈辱，很多中国人肯定都憋着一口气呢。

▶**我：**是的，小梅，中国人首先都是爱国的，这也正是洋务运动能够取得阶段性成功的重要动力来源。然而，官督商办的模式本身的确又是一把双刃剑：既然你要享受资本与政治结合的好处，那就一定要承受资本与政治结合的坏处。官督商办的主导者无疑是政治，因此政治及其代理人的立场和水平，将在很大程度上决定了这个模式的最终成败。然而，非常遗憾的是，晚清政治的腐朽与堕落，最终还是葬送了官督商办模式。企业名义上商办，然而大权掌握在政府派来的所谓总办、会办、帮办、提调等官僚手中，最后把企业办得越来越像衙门。各路老爷安插人、吃空饷那都是小事，若是朝廷伸手要钱，企业敢不出血孝敬？还有，仰赖特权，如同吸毒，一旦断供，不知所措，如此企业，最终也是没有真正竞争力的。就这样，资本异化政治，政治异化资本，这场近代中国政治与资本的合作模式创新最终还是以失败收场，仅仅辉煌了20多年的时间就基本上退出了历史舞台。

▷**余斌：**唉，看来政治与资本的这出二人转，的确也不是好唱的。

▶**我：**的确不好唱。清朝之后，便是民国，可是这出二人转还是没唱好，最后唱成了官僚资本主义，基本上可以说是唱跑调了。

▷**小梅：**近代中国的历史舞台，真是你方唱罢我登场，虽然演员换了一茬又一茬，但是似乎都唱不好这出政治与资本的二人转。

▷**丹尼尔：**但是有一点是肯定的：无论是在哪个历史阶段，中国的政治始终是在资本之上的。

▶**我：**没错，这个历史传统也延续到了新中国。1949 年，在上海这座资本家的大本营被解放之后，老资本曾经与新政治进行了一次很有名的大斗法。资本使出了囤积居奇、哄抬物价的看家本领，先是利用银圆排挤人民币，宣称要让“解放军进得了上海，人民币进不了上海”；接着又是哄抬粮、棉、煤等

链　接

银圆之战

1949 年 5 月 27 日，上海市军管会发布《关于使用人民币及限期禁用金圆券的规定》，以人民币 1 元收兑金圆券 10 万元，6 月 5 日起严禁金圆券流通。于是，上海的资本投机者先用金圆券兑换人民币，然后倒手换成金银，造成人民币大幅贬值。银圆成为上海市场实际上的本位币，人民币只能购买小额货物。6 月 5 日，上海市委抛出 10 万枚银圆，6 月 6 日又抛出 31 万枚银圆，想以银圆制服银圆，结果被投机者一吸而空。6 月 7 日，银价涨到 1800 元人民币，并带动物价上涨，有些商号开始拒收人民币。面对资本势力的进攻，新生政权决定采用政治手段予以打击。6 月 10 日，上海市公安局派出 200 名便衣，查封了汉口路 422 号的上海证券交易所大楼；华东警卫旅派出一个营对整幢大楼实行军事包围；上海 1.2 万名工人和学生在证券大楼外围封堵交通，向市民宣传解释。经过两天一夜的盘查，最后拘押了 238 名银圆投机的主犯，其余人陆续释放。银圆之战震动了全国，经此一役，上海银价和物价迅速下跌，人民币终于在上海站稳了脚跟。

生活必需品的价格，引发市民恐慌抢购。结果呢，新生的政治先礼后兵，在警告无效的情况下，直接查封了资本发动银圆之战的老巢——汉口路 422 号的证券大楼，逮捕了 238 名投机分子；然后，又调动全国的粮棉煤资源，源源不断地投放市场，平抑价格，最终以举国之力压倒了上海的资本，导致囤积居奇的资本血本无归。在这场老资本与新政治的大斗法中，老资本一败涂地，新政治大获全胜。

▷**余斌：**我估计这帮资本家是在上海滩混久了，形成了严重的惯性思维，以为 1949 年的上海还像过去 100 多年那样，一直处于政治的真空状态呢。否则只要他们稍微懂点中国的历史，应该就不至于犯下这种直接挑战政治的致命性错误。

▶**我：**没错。新中国的成立，标志着在经过了百年动荡之后，中国的政治再次回归统一的常态。而一旦中国政治统一，资本就不可能在与政治的斗争中占得上风。关于这点，资本虽然在 1949 年没有反应过来，但是到了 1953 年之后，应该就深刻理解了。

▷**小梅：**1953 年？叔叔指的是社会主义改造运动吧？

▶**我：**是的。官方的说法叫“一化三改”总路线：“一化”就是实现国家工业化，“三改”就是实现对农业、手工业和资本主义工商业的社会主义改造，其中对资本主义工商业的社会主义改造乃是重中之重。从 1953 年开始，国家通过公私合营、和平赎买等形式，逐步将原来的资本主义工商企业改造成为社会主义公有制企业。到了 1956 年，资本主义所有制的社会主

天津市公私合营的盛锡福帽厂挂上了新招牌

义改造基本完成，社会主义的基本经济制度正式确立。资本与政治的这出“超级二人转”终于暂时落幕，资本从中国的历史舞台上黯然下场，中国政治短暂而又激越的“单口相声”时代开始了。

▷**丹尼尔：**也就是说，在这一轮政治与资本的斗争中，政治最终彻底消灭了资本。可是，刘教授，您能不能实事求是地告诉我：这种做法真的是最好的吗？

►**我：**这个问题十分关键，我们马上就会专门探讨的。现在，丹尼尔先生，我想咱们是不是已经达成了一个共识——中国的政治的确是在资本之上的。

▷**丹尼尔：**Absolutely（当然）！

►**我：**好的，今天这场讨论最重要的基石已经全部铺就，接下来我们终于可以切入正题，直接比较资本主义与社会主义的不同与优劣了。不过，在进行下面的讨论之前，能不能先按一下暂停键？新天地的下午茶时间，如此良辰美景，似乎不应错过，咱们也来点儿茶点如何？

▷**余斌：**没错，良辰美景，不可辜负。各位请稍坐，待我去弄点儿资本主义的茶点回来一起享用。

▷**小梅（笑）：**余叔叔，我来给您打下手。我就不信了：我们社会主义的牙齿难道还吃不了资本主义的茶点？

5

经过漫长时间的历史进化，政治已经率先进化出了公共性和人民性，但是资本却尚未进化出公共性和人民性。政治已经拥有了人民的立场，而资本则尚未确立起人民的立场。人民理应将这个社会的主导权交给政治，而不是交给资本。

咖啡馆里不知不觉已经坐满了人。透过窗户望出去，开放式广场上的露天休闲椅也几乎坐满了人。这个小广场是新天地改造的时候，将房子向后退而让出来的。寸土寸金的地方，退一步，反而海阔天空。在过去，石库门的弄堂口是卖早点的地方，卖的是豆浆、大饼和油条；而现在，曾经的弄堂口摇身一变，成了如今的新天地，卖的却是咖啡、下午茶和都市的休闲时光。

▷**小梅：**茶点来啦！大家慢用。

▷**丹尼尔：**刘教授，虽然美景良辰，然而时间宝贵，我就单刀直入了。刚才我们已经达成了共识：西方社会是资本在政治之上，中国社会是政治在资本之上。现在我要问的是：究竟哪个更好？一个社会，究竟是资本在政治之上更好，还是政治在资本之上更好？

▶**我：**我的回答是：走到极端都不好。资本走到极端，就是当年西方的资本罪恶年代，既可以“羊吃人”，也可以剥削童工——关于这点，我们2019年春节在映秀书院的时候就已经达成共识了；如果政治走到极端，那就像当年中国的“大跃进”和“文化大革命”，同样也会给一个社会造成严重的破坏——关于这点，您应该也是比较了解的。

▷**丹尼尔：**这点我承认，孔子不是说了嘛——“过犹不及”。不过我问的其实不是这个。这样吧，请允许我修正一下问题：如果资本和政治都不走极端的话，那么哪个会更好点？是资本在政治之上更好，还是政治在资本之上更好？

▷**余斌：**丹尼尔的问题，也是我的问题。我们其实都同意不应该走极端，但是在不走极端的情况下，政治与资本，究竟谁应该成为社会的主导者？

▶**我：**如果政治和资本都不走极端的话，那么我的回答是：政治在资本之上更好。比起资本，政治更应该成为一个社会的主导者。

▷**丹尼尔：**为什么？

▶**我：**原因其实很简单，一句话：因为政治与人民之间是有契约的，而资本与人民之间是没有契约的。

▷**小梅：**政治与人民之间有契约，资本与人民之间没有契约。

▶**我：**是的。小梅，我问你：今天一个政治家如果很有权力的话，那么他会说，他的一切权力属于谁呢？

▷**小梅：**属于人民。

▶**我：**那么，今天一个资本家如果很有钱的话，那么他会说，他的一切财产属于谁呢？

▷**小梅：**属于他自己。

▶**我：**没错，属于他自己。小梅，这就是政治与资本之间的最大区别——立场。说来其实也只是一个常识：在经过漫长时间的历史进化之后，政治事实上已经率先进化出了公共性和人民性，然而资本却尚未进化出公共性和人民性来。因此，从理论上说，虽然同为社会精英，但是政治家已经拥有了人民的立场，而资本家则尚未确立起人民的立场。所以，如果一个社会注定要由精英来领导的话，那么人民理应将这个社会的主导权交给谁呢？是交给政治，还是交给资本？

▷**小梅：**当然应该交给政治了。

▷**余斌：**的确应该交给政治。老同学，我终于明白整个问题的关键所在了——立场，没错，就是因为立场。政治的立场，决定了自己代表的是整个社会的公共利益；而资本的立场，则决定了自己代表的是私人的利益。所以，你说得没错，这个社会的主导权，的确应该交由政治来掌握，而不应该交由资本来掌握。

▷**丹尼尔：**刘教授，我不是不同意您的观点，可是刚才您自己也说了，这是从理论上说的。从实际情况来看，政治真的就能够代表人民的利益吗？难道就没有说的是一套，做的又是另一套的情况吗？

▶**我：**丹尼尔，您的质疑是很有道理的。俗话说，“徒法不足以自行”。缺乏方法保护的立场就像是在裸奔，很快就会发现自己陷入了有心无力的尴尬，接下来很容易蜕变成说一套做一套的虚伪。所以，一个好社会必须采用各种有效的方法，

链 接

"我爸是李刚"

2010年10月16日晚，在河北大学新区易百超市前，李启铭驾驶一辆牌照为"冀FWE420"的黑色轿车，将两名女生撞倒，其中一名女生经抢救无效死亡，另一名女生受重伤。李启铭的父亲李刚系保定市某公安分局副局长，网传李启铭肇事后曾口出狂言："有本事你们告去，我爸是李刚。"这句话从此成为网友们嘲讽跋扈"官二代"的流行语。2011年1月30日，河北保定望都县人民法院以交通肇事罪一审判处李启铭有期徒刑6年。

以保证政治的这个立场能够实现——这个问题十分重要，我们在后面还会专门谈到。不过，现在我要说的是：即便是理论上的，立场依然有着不可轻视的力量。比方说，在今天的中国社会，如果一个孩子公开说"有本事你们告去，我爸是李刚"，那么接下来，他和他爸大概都要出点事了；而如果一个孩子公开说"我的优势就是有钱，成功就是想干什么就干什么"，那么接下来，他和他爸大概什么事也没有。对于一个掌握政治权力的人来说，暗地里搞鬼是完全有可能的。然而，无论他在暗地里搞了多少的鬼，也绝对不敢大言不惭地公然宣扬，因为政治有一个理论上的立场——一切权力是属于人民的。

▷**余斌：**然而对于一个掌握金钱权力的人来说，自己的钱，想怎么玩就怎么玩，低调只是客气，高调你也没辙；捐钱就是不捐给北大清华，偏偏就要捐给耶鲁哈佛，群众的眼睛再雪亮也没用，因为资本有一个理论上的立场——一切财产是属于他自己的。老同学，我说得对不对？

▷**小梅（笑）：**余叔叔，我发现您的思路总是很快就能和叔叔的对上，而且往往连口气都模仿得惟妙惟肖的，真不愧是知根知底的老同学。

▶**我（笑）：**你说得很对，就是这个理儿。孔子说：“必也正名乎。”名正则言顺，名不正则言不顺，所以，千万不要小看理论哦！政治的立场最终能不能实现，那是另一回事；但是就立场本身来说，政治毫无疑问是领先于资本的——这就是为什么我认为政治理应在资本之上的根本原因。

▷**丹尼尔：**刘教授，您的观点让我很震惊。没错，政治的立场与资本的立场的确是不一样的。从理论上说，政治的确具有人民性。这个立场，其实不管在中国还是在西方都是一样的——你们中国人称之为“一切权力属于人民”，我们西方人称之为“主权在民”，其实在我看来都是一回事。但是从理论上说，资本的确是具有私人性的。从这个角度来说，一个社会的主导权的确应该由政治掌握，而不应该由资本掌握。刘教授，我怎么觉得，您好像揭开了一个天大的秘密？

▶**我：**这个秘密哪里是我揭开的。这个世界上第一个正确认识到这个问题重要性的人，不是别人，正是马克思。你们发现了没有，马克思根本就不写《政府论》，而是直接写《资本论》。因为他比同时代的任何人都要更早地发现：真正掌控西方社会的关键力量，不是政治，而是资本。所以，人们批判、改革乃至革命的关键对象，也不应该是政治，而应该是资本。这就是《资本论》能够超越时代的根本原因——至于像《政府

链 接

洛克与《政府论》

约翰·洛克（1632 年—1704 年），英国哲学家、医生，被认为是最有影响力的启蒙思想家和“自由主义之父”。《政府论》是洛克最重要的政治学著作，于 1689 年至 1690 年出版，汇集了洛克的主要政治哲学思想，不仅使洛克成为古典自由主义思想的集大成者，也激励了后来的美国独立战争和法国大革命，对后世的政治思想产生了深远的影响。该书分为上下两篇，上篇以严密的逻辑推演批判了代表王权利益的菲尔麦关于君权神授和王位世袭的主张，下篇系统地阐述了公民政府的起源、范围、目的，提出了分权说和议会权力至上，主张国王在议会之下的立宪君主制。全书出色完成了为英国资产阶级革命辩护的任务，提出政府的目的就是保护私有财产，从而为资本主义的发展扫清了障碍。

论》这样的著作，那就交给洛克这样的作家来写了。

▷**余斌：** 好像有道理哦！像洛克这样的作家，就专门写《政府论》，不写《资本论》——和马克思是反过来的。

▶**我：** 说到洛克，我顺便说几句：过去的教科书常把洛克这样的作家称为资产阶级政治学家，我读书的时候不是太理解，觉得这不是在给人家扣大帽子吗？再说了，洛克的政治学我们到现在不都还在学习吗？非要给政治学扣上一顶资产阶级的帽子，意义又在哪儿呢？

▷**丹尼尔：** 是啊，扣这种帽子，有什么意义呢？

▶**我：** 我不喜欢扣帽子，不过我现在知道这是有原因的。丹尼尔，我们都知道您是学天体物理学的，那么您能不能给我们简单讲讲：什么是宇宙的暗物质和暗能量？

▷**丹尼尔：**哦，为什么要问这个问题呢？

▶**我：**您先说，我再告诉您。

▷**丹尼尔：**好吧，那我简单说了：科学家发现，宇宙的膨胀速度与我们基于现有观测结果的理论计算并不相符。理论上，在星系相互引力的作用下，宇宙的膨胀速度会变慢，但是事实上宇宙的膨胀速度一直在不断加快，这就说明一定有一种神秘的力量在推动着宇宙膨胀，科学家称之为暗物质和暗能量。通过理论推算，科学家判断，宇宙中的暗物质和暗能量相加，大概占了整个宇宙总质量的96%，而我们所认识的宇宙大概只占4%。不过，如此巨大的暗物质和暗能量究竟是什么，我们目前无法观测，基本上一无所知。

▶**我：**谢谢丹尼尔。现在我问您一个问题：如果有一个科学家，明明已经知道了暗物质和暗能量的秘密，却不将其告知世人，也不将其作为重要参数纳入宇宙模型，而只是给了世人基于4%可观测宇宙的宇宙模型，您觉得他这样做应该吗？

▷**丹尼尔：**当然不应该了。既然他已经知道了，那就一定要告诉世人，然后及时完善宇宙模型，否则这个模型就是不准确、不科学的，这个人的行为也是不科学、不道德的。

▶**我：**谢谢丹尼尔的回答。约翰·洛克大抵上就是这样的一个人。《政府论》下篇创作于英国的“光荣革命”之后。是时，英格兰银行已在筹措之中，资本在与政治的斗争中已经逐渐占据上风，资本在国家政治生活中的影响力已经十分显著。

然而，在洛克的《政府论》中，我们通篇都看不到资本对于政治的作用力，似乎这种作用力是不存在的一般。没错，我要说的正是：既然洛克已经洞悉了资本这种暗物质暗能量的存在，甚至已经知道了它的作用方式，那么为什么不把它作为重要参数纳入到他的政治模型之中呢？

▷**小梅：**可是，叔叔，我们又怎么确定洛克当时是知道的呢？要知道，资本向来喜欢暗箱操作，局外人又如何能够确切得知呢？

►**我：**你说得对，小梅，资本如何暗箱操作，局外人的确很难确知。不过，洛克可不是什么局外人，我只要说一件事你就明白了：《政府论》发表之后 4 年，英格兰银行正式成立，这位洛克先生购买了英格兰银行的 500 英镑股票，成为英格兰银行的创始股东。

▷**小梅：**啊，洛克还是英格兰银行的创始股东？

▷**余斌：**这我还真的是第一次听说，没想到洛克先生原来还给我们留了这么一手。如此看来，洛克的确已经掌握了暗物质暗能量的秘密，但是他的《政府论》一直就没有告诉我们。仅凭这一点，我们就可以断定，洛克的“宇宙模型”一定是有缺陷的。所以，丹尼尔先生，我现在理解为什么要把洛克称为资产阶级政治学家了，这个前缀其实不是大帽子，而是——立场。洛克的立场，决定了《政府论》的使命之一就是保守暗物质暗能量的秘密，而不是相反。

▷**丹尼尔：**刘教授，原来您问我暗物质暗能量的事，目的是以子之矛攻子之盾啊！好吧，我坦率地承认，这次您成功了。不过，这并不妨碍我坚持自己的观点：即便洛克拥有资本的立场，也不能完全抹杀洛克政治思想的价值——政治权力难道就不需要制衡吗？

▶**我（笑）：** 丹尼尔先生，您看我们又达成一个共识了——洛克的政治思想依然有着不容抹杀的价值，因为政治权力的确同样需要制衡。

▷**小梅：** 就是嘛，研究暗物质暗能量，并不会妨碍我们继续研究可观测的宇宙部分嘛！

▶**我：** 好啦，我们言归正传吧。刚才正说着马克思呢，结果一不小心，跑题跑到洛克那里去了，咱们还是说回马克思吧。在我看来，马克思的研究至少提醒了世人一个道理：既然资本对于社会的运行以及人民的福祉具有如此巨大的影响力，那么资本就理应拥有社会的立场、人民的立场，而不能仅仅是私人的立场。

▷**丹尼尔：** 刘教授，您的逻辑推理似乎是对的，可是我怎么听起来有点不太对劲儿的感觉：您说资本也应该拥有社会的立场、人民的立场，潜台词是不是指资本家的资产也应该实行公有？

▶**我（笑）：** 我就知道说这话会触动很多人敏感的神经。不用担心，丹尼尔，以您对我的了解，您认为我会这么想吗？当然了，您不是第一个有这种担心的人。有一次讲座，一个人就举手问我："刘教授，您说资本应该拥有社会的立场，可是财产本来就应该是私有的，这两者很显然是有矛盾的。我承认您的逻辑是有道理的，但是财产私有难道就没有道理吗？人家资本家虽然赚那么多的钱，但哪个不是起早贪黑地干活？凭什么辛辛苦苦一场，最后钱还不是自己的？这样的话，以后还有谁去努力赚钱呢？”

▷**小梅：**叔叔，您是怎么回答他的呢？

▶**我：**我说：恭喜你答对了，几百年前，政治也是这么想的。你想想看，几百年前，政治不也是私有的吗？——在明朝如果不姓朱，能当得了皇帝吗？在中世纪的欧洲，没有“蓝血”，能当得了贵族吗？即便是放在今天，政治家在获得权力的过程中，哪个不是起早贪黑地干活？凭什么辛辛苦苦一场，最后还是“竹篮打水一场空”，一切权力都是属于人民的呢？如果资本的那个逻辑说得通，那么政治的这个逻辑岂不是也说得通？然而，即便这个逻辑说得通，政治最终还是进步了，还是进化出了社会的立场、人民的立场。我们今天习以为常的“一切权力属于人民”这句话，放在“朕即天下”“君权神授”的时代，听起来不是同样令人震惊吗？所以，既然政治能够进步，那么为什么资本就不能进步呢？

▷**小梅：**叔叔，我明白了。从历史的维度来看，我们今天刚好处于这样的一个时间点上：政治已经进化出了人民的立场，而资本则尚未进化出人民的立场。我觉得，今天许多的冲突和矛盾，其实都跟这个时间差有关。

▷**余斌：**小梅说得很好。人民的立场就像是一条河，在过去几百年时间里，政治已经率先完成渡河，而资本则尚未开始渡河。马克思看到了这个历史趋势，所以他写出了《资本论》。

▷**丹尼尔：**刘教授，虽然你们说得很有道理，但我还是有疑问：为什么资本就一定要渡河呢？为什么资本就一定要进化出人民的立场来呢？如果这真的是一场不可逆的进化，那么这种进化背后的动力机制又是什么？我知道资本私有的动力机制是自私的人性，但是我不知道，资本进化出人民立场背后的动力机制又是什么呢？

▶**我：**因为资本的存在已经极大地影响到了社会的利益与人民的福祉。一个社会就是一个命运共同体，所以这个社会上的任何一个人，只要他的行为深刻地影响到了社会的公共利益和他人利益，那么他就必须承担起应有的责任，否则这个社会

2008 年国际金融危机蔓延，《资本论》热销

和他人就必定会在某个时点，以某种方式来纠正这种失衡的状态——这是一个不以人的意志为转移的社会规律。丹尼尔，您最清楚了：无论物理学定律如何发展，物质能量守恒定律是不会改变的——权力与责任的平衡，就是人文社会科学的“物质能量守恒定律”。这个定律，就是进化的根本动力，也是所有定律之上的定律。如果说人性本私，那么资本家人性本私，政治家难道就不是人性本私吗？事实上，过去的政治同样也想私有，也用了各种办法，为这种政治私有制笼罩上了神圣不可侵犯的光环。然而，科学就是科学，规律就是规律，最终在此起彼伏的社会革命推动下，政治还是走出了私有制的窠臼。所以，丹尼尔先生，既然这个规律能够对政治产生作用，那么我相信，也一定会对资本产生作用。

▷**余斌：**我也相信。从理论上说，这个道理肯定是对的；而从历史的角度来说，既然这个道理是对的，那么它就总有一天会实现。

▶**我：**其实，这个道理不仅仅是对政治和资本的，对知识也一样。北大教授钱理群老先生曾经说过一段很有名的话，他说：“我们的一些大学，正在培养一些‘精致的利己主义者’，他们高智商、世俗、老到，善于表演、懂得配合，更善于利用体制达到自己的目的。这种人一旦掌握权力，比一般的贪官污吏危害更大。”钱老先生说得很对，不过我估计有些知识精英心里是不服气的：我的成功是因为我的天赋加上我的努力，天赋是我自己的，努力也是我自己的，凭什么指责我呢？当然应该指责了，这个社会本来就是由精英领导的，而精英又是由社会来托举的；个人的天赋和努力当然很重要，但是如果脱离了社会的依托，一个人再有天赋，再努力，最后的结果大概也不会比一只类人猿好多少。所以，天赋和努力都不是一个精英自私的理由。如果一个脑神经细胞得意洋洋地说："谁让我命好啊，生在大脑里，天生就是比你们这些手脚上的细胞聪明，这就是我的天赋，我就是要多吃多占，爱怎么玩就怎么玩，你们管不着。"你们觉得，这能成吗？一个社会和一个人一样，就是一个命运共同体，这个社会的精英岂能如此自私？天赋，天赋，天可赋之，亦可夺之。这个道理对于脑细胞来说是对的，对于精英来说也是对的——不管是政治精英、知识精英，还是资本精英。

▷**小梅：**天赋，天赋，天可赋之，亦可夺之。叔叔，您的这句话，让我想起了唐太宗李世民的那句名言：水可载舟，亦可覆舟。您说得对：既然社会是一个命运共同体，既然精英的一举一动都会影响到社会的公共利益和人民群众的福祉，那么他就必须要学会站在社会和人民的角度来考量自己的行为——换句话说，就必须进化出社会的立场和人民的立场来。

▷**余斌：**如果他不能自觉地做到这种转变和进化，那么历史的合力必将通过某种方式来推动这种转变和进化，这就叫形势比人强。

▷**小梅：**对于不同的精英来说，进化的时间可能会有先后，但是进化的趋势则是必然的、不可逆的。

▶我（笑）：你们两个配合得可真好。是的，至少从理论上说，在古代，中国的知识分子以天下为己任，可以说已经率先完成了进化；到了近代，政治也基本上完成了这种进化；那么现在，资本是怎么考虑的呢，丹尼尔先生？

▷丹尼尔：好吧，刘教授，我不得不承认：至少从理论上，你们说服我了。

▷小梅：不会吧？这么快就被说服了？丹尼尔叔叔应该还有“但是”吧？

▷丹尼尔（笑）：没错，我的确还有“但是”。刘教授，这个道理从理论上说是似乎是对的，但是实践上怎么操作呢？把资本家的财产全部没收？就像中国在革命时期所做的那样？您觉得这样做可能吗？不觉得很可怕吗？

▶我（笑）：丹尼尔，那都是啥时候的老黄历了。中国过去几十年的历史早已经否定了这种极端的做法。到了今天这个时代，再也没有人会去惦记资本家的财产了。合法致富，何罪之有？我要强调的，仅仅是立场而已。钱钟书在小说《围城》里说：“作品有如魔术师手中的飞刀，看似飞出去了，实际上却一直在手里。”政治家拥有人民的立场，并不改变政治权力主要还是由政治家行使的事实。同理可证，即便资本确立起人民的立场，也不会改变资本权力主要是由资本家行使的事实。只不过，这个立场一旦确立，哪怕仅仅是理论上的，意义同样十分重大，至少没有哪个富二代敢于打着金钱的旗号到处招摇过市，肆意败坏社会公德了。

▷**余斌：**我十分同意你的这个观点。我现在明白了：理论的威力确实不可小觑，从某种意义上说，今天那些富二代之所以能够招摇过市，就是因为目前人类社会关于资本的理论在保护着他们——很多人对富二代炫富都气不过，然而转念一想：有什么办法，谁让人家是含着金钥匙出生的呢！于是，只好把生出来的气又憋回肚子里去了。

▶**我：**理论就是共识，共识就是力量。当然了，说到立场，我们还是要一分为二地看待。从实事求是的角度来看，我们每个人的立场其实都应该是双重的：一个是私人的立场，一个是社会的立场。私人的立场是用来照顾自己的。上次在汶川的时候，我就已经说过了：如果每个生命都值得被尊重和照顾的话，那么首先让自己来照顾自己，一定是一种投入最小，产出最大的方法。如果这叫作“私”，那么“私”一点也不可怕，恰恰是“公”的前提和基础——只要不越界，“私”本身就是“公”的一部分。所以，这个社会上的每一个人，都不可能没有私人的立场；如果没有，那一定是违背科学规律的。不过呢，这只是真理的一个方面；真理的另一个方面是：没有社会，人就是动物，自然性是人的本质，社会性同样也是人的本质。因此，这个社会上的每一个人，都不可能没有社会的立场，也不应该没有社会的立场，如果没有，那他就不是人，而是人形的动物。

▷**小梅：**叔叔，我突然明白了：因为人具有自然属性，所以每个人都会拥有私人的立场，从这个立场出发，人性的确是自私的；然而，因为人还具有社会属性，所以每个人都还会有社会的立场，而从这个立场出发，人性又不是自私的。这两个立场是相反的，又是相成的，是矛盾的，又是统一的——正是这一对矛盾体，构成了我们完整的人性。我理解得对不对，叔叔？

▶**我：**小梅，你理解得完全正确！

▷**小梅（笑）：**您终于解开我的困惑了，叔叔！真的太棒了！谢谢您！

▷**余斌：**我也来补充一下：这两个立场其实都是科学的，都是真理的一个方面，如果我们把它们统一起来，互相承认对方的真理性，并且形成互补，那么它们就都是对的；如果我们把它们割裂开来，然后把片面的真理当作全部的真理，用真理的一半反对真理的另一半，那么它们就都是错的。我理解得对不对，老同学？

▶**我（笑）：**你的理解也是完全正确的。

▷**丹尼尔：**所以，刘教授，您认为资本家也不例外，可以拥有私人的立场，但是同时也必须拥有社会的立场。我是不是可以这样理解？

▶**我：**可以这样理解。私人立场与社会立场之间的矛盾是永恒的，也是因人而异的。能力越强的人，对社会的影响力就越大，社会立场在他心中的分量就应该越重，这就叫矛盾的主要方面。如果一个人富可敌国，却将如此庞大的财富全部置于私人的立场之下，这其实是非常危险的。在财富的问题上，其实也应该相信那句老话——“得民心者，得天下。”

▷**余斌：**失民心者，失天下。老同学，你的这些话，其实真的应该跟很多民营企业家去说。

▶**我：**没错，如果有机会，我真的很想对中国的民营企业家说一句掏心窝子的话：在中国这样一个国度里，未来真的是属于那些心中有社会、心中有人民的企业家。把自己的事业深深地扎根于社会之中，把人民的利益高高地置于自己的财富之上，人民是不会亏待你的，社会是不会亏待你的，未来也是不会亏待你的。

▷**余斌：**我完全相信你的这句话。我觉得，未来如何发展我不知道，不过就目前的表现来看，华为大概就可以称得上是这样的一家企业。最近美国不是正在打压华为吗，任正非有两句话让我印象十分深刻。一句话是：华为不轻易允许资本进来，因为资本贪婪的本性会破坏我们理想的实现；另一句话是：华为公司价值体系的理想是为人类服务，不是为金钱服务。作为一家民营企业，华为居然能有这样的立场，真是令人刮目相看，我觉得这大概就可以称得上是把社会立场置于私人立场之上吧。而在美国的重重压力之下，华为依然能够凭借国内外消费者的力挺而屹立不倒，也正印证了你刚才所说的那句话——人民是不会亏待你的，社会是不会亏待你的，未来也是不会亏待你的。

▶**我：**是的，这就是立场的真义所在。如果我们能够跳出具体的法权关系，站在一个更高的历史格局上看问题的话，那么我们就一定能够理解：这个社会的任何财富都不可能脱离社会而独立存在，因此财富本身是具有社会性的；而这种具有社会性的财富又总是要托付给具体的人来掌握和运用，所以不管社会财富以何种法权关系来托付，这个人的心中都必须拥有社会的立场、人民的立场。一句话：财富的立场必须与财富的社会性相匹配。如果一个社会的法权关系符合这个规律，那么这种法权关系就会得到维护；如果一个社会的法权关系违背了这个规律，那么连这种法权关系都会最终被推翻，就更不用说那些覆巢之下的“碎卵”了。

▷**小梅：**“财富的立场必须与财富的社会性相匹配”，叔叔，这不就是马克思所说的那句话吗——“社会化大生产与生产资料私人占有之间的矛盾，是资本主义不可克服的矛盾。”我明白了，其实您一直都在用一些新方法来诠释一些老道理。只不过，经过您这么一诠释，许多老道理似乎忽然间变得鲜活起来，不再是原来教科书上那副板着面孔的样子了。

▶**我（笑）：**谢谢小梅的夸奖。既然你这么说，那我就索性引用一下马克思的原话。《共产党宣言》里面有句话：“资本不是一种个人力量，而是一种社会力量。因此，把资本变为公共的、属于社会全体成员的财产，这并不是把个人财产变为社会财产。这里所改变的只是财产的社会性质。它将失掉它的阶级性质。”我估计很多人都听不懂这句话在说什么，觉得颠来倒去的有点自相矛盾：既然要把资本变成公共财产，为什么又不是把个人财产变为社会财产？还有，啥叫社会性质？啥叫阶

Manifest

der

Kommunistischen Partei.

Veröffentlicht im Februar 1848.

Proletarier aller Länder vereinigt euch.

London.

Gedruckt in der Office der „Bildungs-Gesellschaft für Arbeiter"

von J. E. Burghard.

46, Liverpool Street, Bishopsgate.

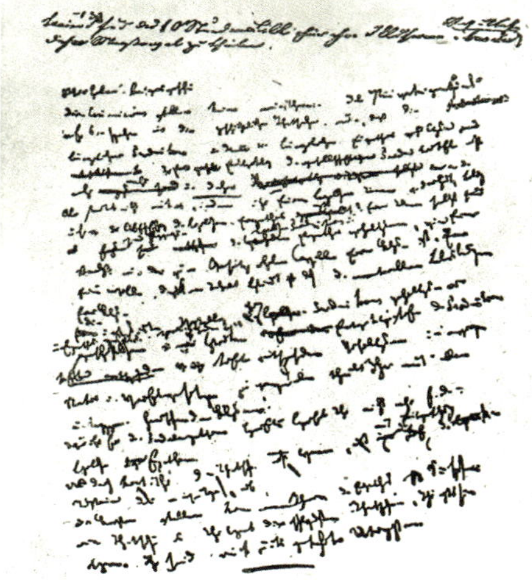

《共产党宣言》第一版封面（左）和马克思所写《共产党宣言》草稿仅存的一页

级性质？有什么差别吗？

▷**小梅：**哎呀，不好意思，叔叔，我读《共产党宣言》的时候，就真的没看懂这句话为什么这么说。

▶**我：**如果我们从立场的维度来看，就可以看得比较清楚：马克思的意思，其实并不是要否定个人财产，而是希望赋予资本一个社会的立场。所谓“社会性质”就是指资本应该具备的社会立场；所谓“阶级性质”就是指资本过于膨胀的私人立场。当一个资本确立了社会的立场、人民的立场，能够为社会服务、为人民服务，那么无论它掌握在谁的手里，都是合适的、有益的、正确的。比方说，一个知识精英头脑中的知识无疑是私有的，然而只要他的心中有了社会的立场、人民的立场，那么这些看似私有的知识，事实上就是用来为人民服务的；同理可证，一个资本精英名下的财产无疑也是私有的，然而只要他的心中有了社会的立场、人民的立场，那么这些看似私有的资本为什么就不可以用来为人民服务呢？在我看来，法权意义上的所有制与超越其上的立场，是完全可以分开的，也是完全可以兼容的。

▷**余斌：**哇哦，法权意义上的所有制与超越其上的立场，是完全可以分开的，也是完全可以兼容的。老同学，你这句话我应该听懂了。你的意思是不是说：私有的资本同样也可以拥有公共的立场，资本的私有性与立场的公共性也是可以相互结合的。

▶**我：**从某种意义上说——是的。

▷**余斌：**可是俗话说得好——“屁股决定脑袋”。资本的所有制不改变，立场可能改变吗？你这是不是有点理想主义啊？

▶**我（笑）：**我当然还不至于那么愚蠢，会不知道“屁股决定脑袋”的道理。老同学，如果这个世界上真的有种人叫作“公共”或者“人民”的话，我们一定会把所有的社会财产都交给他来打理，相信他也一定不会辜负我们的信任——可是这个世界上真的没有这种人。社会再大，也是由一个又一个的私人组成的；政府再好，也是由一个又一个的私人组成的。如果人类终究不能超越自己的话，那么一个社会的财产无论交给谁打理，最终都是会有问题的：以私有制的方式交到私人手里，私人可能会忽视社会利益和人民利益；可是，以公有制的方式交到政府手里，你就能保证组成政府的那些私人一定不会忽视社会利益和人民利益吗？我们都知道，国有企业在承担社会责任方面，的确有着民营企业无法企及的天然优势，可是为什么从经营效率上看，国有企业又往往赶不上民营企业呢？而经营效率不行，难道就不是在用另一种方式损害社会利益和人民利益吗？政治的代理人也是人，也是私人立场与社会立场的统一体，国有企业经营效率普遍比不上民营企业的背后，究竟有多少社会立场在起作用，又有多少私人立场在起作用呢？明白了这个道理，我们就知道，无论我们创造出多少的制度来帮忙，最终决定这个社会前进的力量，依然来自人类对自身的不断超越，来自人类不断向前，不断向上的自觉——这种超越，就是社会立场对私人立场的超越；这种自觉，就是人的社会属性驾驭自然属性的自觉。

▷**小梅：**所以，叔叔，从终极的角度来说，您寄希望于人类本身的不断自觉，而不是寄希望于某种一劳永逸的制度，是不是？

▶**我：**人类的自觉和人类的制度当然不是对立的。不过，如果我们从哲学的角度来说，人类的自觉无疑是一种根本性的力量，制度本身也只是人类自觉的一种表现罢了。所以，绝对不要有这样的一种幻想：只要消灭了一个旧制度，建立了一个新制度，然后一切就都好起来了。如果用这样的心态去消灭私有制，那么最终你会发现，那只不过是用一种新的私有制去消灭一种旧的私有制罢了——兜了一圈，发现自己又回到原点了。小梅，你要记住，真正的私有制不在社会里，而在人心中。只要我们人类的社会立场最终无法超越私人立场，只要我们人类的社会属性最终无法驾驭自然属性，那么一个社会就不可能真正走出私有制的窠臼，也不可能建设成为一个真正的命运共同体。

▷**小梅：**叔叔，您放心，我会牢牢记住这句话的——真正的私有制不在社会里，而在人心中。

▷**余斌：**我特别赞同你的这个观点。当年中国人不就以为消灭了私有制，建立了公有制，然后一切就都OK了吗？结果呢，真的是“兜了一圈，发现自己又回到原点了”。私有制看似不在社会里了，但是依然还在人心中，所以你一搞大锅饭，他就出工不出力了——说白了，背后还是私心在作祟。最后呢，还不是兜了回来，重新搞起了市场经济？

▶**我：**所以啊，我们千万不可以小看理论的重要性。一个理论共识的建立，往往代表着这个社会集体自觉的进步。如果我们这个社会能够从理论上确立起资本的公共立场，即便不改变它的法权关系，同样也可以对资本的行动构成巨大的推动或牵制。关于这个问题，我们其实可以从知识的身上获得某种信心：既然知识可以构建起这样的立场，为什么资本就不可以呢？要知道，知识是附着在人的脑子之中的，天生就具有私有性。然而，由于中国社会早早就从理论上确立起了知识的公共立场，因此古代中国的知识精英无不以天下为己任，殚精竭虑，忧国忧民。这种人，即便去经商了，同样也是不会改变这种立场的。余斌，你前面提到了《乔家大院》，乔致庸不就是这样的一个人吗？

▷**余斌：**没错，乔致庸自幼读书，本来是要考科举的。结果家族出事，大哥去世，乔致庸被迫从考场退回商场，接下了家族生意。然而，即便是做了商人，当了资本家，他依然还是心怀天下，因此也才会有“汇通天下”的理想。所以你说得没错，一个有社会立场的人同样也可以去做生意，一个做生意的人同样也可以有社会立场，两者的确是可以相互兼容的。哇哦，想象一下：如果有一天，这个市场的商人都像乔致庸那样，读过圣贤书，相信圣贤书，心里有天下，心里有人民，这些人一起做起生意来，不知道又会是一种什么样的景象呢？

▶**我（笑）：**这只是一个理想化的景象。事实上，古代中国知识与政治常年结盟，同时又重农抑商，所以知识与资本的结合是比较难得的，市场上更多的还是逐利的普通商人。不过，知识与资本一旦结合，知识的社会立场就会渗透进资本，从而呈现出一些不同的气象来。从子贡，到范蠡，从乔致庸，到张謇，从这些历史上的“儒商”的所作所为中，我们往往就能够感受到这种社会立场的作用。不过，对于重商主义传统十分浓厚的西方社会来说，其资本逻辑中就基本上没有这种“心怀天下、经世济民”的传统，更多的是“私有财产神圣不可侵犯”的立场，以至于整座西方经济大厦都是奠基在“人性本私”的假设之上的——所以在我看来，西方资本在立场上其实是有很大缺陷的。然而要命的是，自西风东渐以来，中国人基

链 接

张謇与实业救国

张謇（1853 年—1926 年），字季直，号啬庵，中国近代实业家、政治家、教育家。光绪二十年（1894 年），41 岁的张謇参加恩科会试，高中状元，被授翰林院修撰。张謇曾作为"帝党"成员参与清末的政治斗争，主张君主立宪；辛亥革命后，转向共和，曾任南京政府实业总长、北洋政府农商总长兼全国水利总长，因反对袁世凯复辟而愤然辞职。张謇主张"实业救国"，1899 年兴办大生纱厂，成为中国棉纺织领域早期开拓者；主张"教育为民"，创办了中国第一所纺织专业学校，也是南通大学、上海海洋大学、河海大学、上海海事大学、复旦大学、东华大学、南京大学等学校的创始人。他一生创办了 20 多个企业、370 多所学校，为中国近代民族工业的兴起和教育事业的发展作出了宝贵的贡献，被称为"状元实业家"。

本上以西方资本逻辑马首是瞻，不假思索地照单全收，因此也就不可避免地受到了这种缺陷立场的渗透和影响。

▷**余斌：**所以，你的意思是：如果我们今天能够像对待政治和知识那样，理直气壮地赋予资本一个社会的立场、人民的立场——哪怕是从理论上的，也必定会在很大程度影响到资本的行为，进而影响到社会的利益和人民的福祉。对不对？

▶**我：**是的。在我看来，如果一个社会真的能够在一定程度上解决资本的立场问题，那么这个社会就可以在一定程度上超越所有制问题的纠葛，真正做到多种所有制并举，共同为社会发展贡献力量。丹尼尔先生自然也就不用担心：一说资本应该拥有社会的立场，是不是又要没收资本家的财产了？

▷**丹尼尔（笑）：**哇，为了回应我刚才的那个担心，你们也真是绕了一大圈。虽然花了不少的时间，但是我还是觉得很受益。刘教授，我想您应该是说服我了：资本的确也应该进化出社会的立场、人民的立场。

▶**我（笑）：**谢谢丹尼尔先生，能够说服您这位“忠诚的反对派”的确不是一件很容易的事，还好我们都是实事求是的人。现在让我们回到政治与资本的关系上来，我这次要泼点冷水了：虽然资本也应该进化出社会的立场、人民的立场，但是比起政治来说，资本进化的难度的确要大得多，进度也会慢得多。因为实事求是地讲，在政治、知识和资本3种精英中，资本天生就是趋利的，就是追求利润最大化的——用大白话来说：在3种精英中，资本总体上是最自私的。因此，且不说资本现在还没有渡过人民立场的这条河，即便是未来有一天渡了河，资本要想在人民的立场上赶上政治和知识的水平也是不现实的。关于这点，你们是否同意呢？

▷**余斌：**我同意，刚才我就想说这个问题：一边要利润最大化，一边要为人民服务；一边要利己主义，一边要利他主义。说实话，要想把这样的一对矛盾摆平，的确不是一件太容易的事。所以你说得对，不管资本如何进化，要想在社会立场方面赶上政治和知识的水平，估计是不太可能的。

▷**丹尼尔：**我也同意，这应该是一个常识。

▶**我：**这就是为什么我们要确保政治在资本之上的原因所在了：既然资本还不够自觉，那就理应让公共性更为强大的政治来主导社会，从而驾驭资本为人民服务，以免资本如同脱缰野马一般，为害社会，为害人民。还有，既然资本还不够自觉，那么政治在资本之上就不应该仅仅是一个口号，更应该是一套制度——没得说，既然不够自觉，那就得上制度。所以，丹尼尔先生，这种通过确保政治在资本之上以实现社会立场的一整套制度体系，我们不妨称之为社会主义；反过来，那种通过确保资本在政治之上以实现资本立场的一整套制度体系，我们不妨称之为资本主义。或者简单说，社会主义是政治在资本之上，而资本主义则是资本在政治之上；社会主义是以社会为立场的，而资本主义则是以资本为立场的。

▷**丹尼尔：**我明白了，刘教授。刚刚开始讨论的时候，您说要从政治与资本的关系切入，我其实不太明白您的用意——为什么讨论社会主义和资本主义，您却偏偏要从政治与资本的关系切入？现在我明白了：一切问题的根本，就在于您所说的——立场。既然叫作社会主义，那肯定应该以社会为立场；同时，社会又是由精英来领导的，所以这个立场就必须着落在某种精英身上；而与资本相比，政治无疑具有更加鲜明的社会立场。因此，确保政治在资本之上，就是确保社会立场的实现，也就是确保社会主义的实现——我理解得对不对？

▶**我：**您理解得完全正确，丹尼尔。

▷**丹尼尔：**刘教授，我现在发现了：您评判一个社会制度高下优劣的标准，其实就是立场——社会的立场、公共的立场、人民的立场。

▶**我：**没错，更准确地说——首先是立场。

▷**丹尼尔：**首先是立场？那还有其次吗？其次是什么？

▶**我：**其次当然就是方法了——关于这个问题，我们后面马上就要谈到了。

▷**小梅：**立场，方法，那是不是还有观点呢？叔叔，教科书上不是常说吗：要用马克思主义的立场、观点和方法来分析问题和解决问题。说实话，我一直不太明白：为什么这 3 个东西总是联系在一起呢？

▶**我：**立场、观点和方法的确是联系在一起的。不过，如果要按照重要性为它们排序的话，那么我会认为：好观点不如好方法，好方法不如好立场。

▷**小梅：**好观点不如好方法，好方法不如好立场。叔叔，为什么这么说呢？

▶**我：**我举个例子。你在 A 山砍了很多的柴，整个冬天都不愁没有柴烧；如果这个时候突然要让你去 B 山，那么多的柴火你肯定是带不走了，不过你可以随身带走一把砍柴刀，这样到了 B 山，你依然还是有柴烧——如果说柴火是一种观点的话，那么砍柴刀就是一种方法，所以我说：好观点不如好方法。

▷**小梅：**嗯嗯，我理解了。

▶**我：**不过，同样一把砍柴刀，你可以用来砍柴，难道就不可以用来杀人吗？原来啊，工具称手不称手还不是最重要的，最重要的是你的内心究竟想干什么——所以我说：好方法不如好立场。

▷**小梅（笑）：**叔叔，我完全理解了。一个糊涂了多年的问题，被您用一个例子、两句话说清楚了。

▶**我：**在我们的成长过程中，父母的不少教育方法有可能是错误的，然而等到长大了之后，我们都会原谅他们。因为我们的心里很清楚：虽然父母的方法有可能是错误的，但是他们立场是没有问题的——他们是爱我们的。这就叫好方法不如好立场。

▷**余斌：**完全同意，感同身受。

▶**我：**这就是为什么我在判断一个社会制度优劣的时候，一定要把立场作为首要标准的原因所在。只有先把立场的问题搞正确了，才轮得上讨论方法的问题，不能本末倒置了。

▷**丹尼尔：**我也完全明白了，刘教授，难怪您今天一直在反复讨论立场问题——不同精英的立场问题，不同社会制度的立场问题。我必须向您承认：从立场的角度来看，您关于社会主义与资本主义的分析是正确的，也是令人信服的。

▷**小梅：**叔叔，我还有一个感受。

▶**我：**什么感受？

▷**小梅：**从您今天的讲述中，我发现了一个规律：一个国家选择什么样的制度，其实是有历史渊源的。中国之所以会选择社会主义，或者说，社会主义之所以会选择中国，其实并非空穴来风，而是与中国自古以来政治在资本之上的历史传统密切相关的。同理可证，西方之所以会发展出资本主义，也不是什么空穴来风，而是与西方自古以来资本在政治之上的历史传统密切相关的。叔叔，我的感受对不对？

►**我：**小梅，你的感受十分正确。其实，任何社会制度本质上都是历史的产物，都会有一个自然的历史发展过程——即便是发生了革命性突变，追根究底，也不过是历史的另一种表现形式罢了。这就是为什么讨论社会主义与资本主义的区别，我却选择了从中国和西方的历史发展过程谈起的原因所在——而且，还花了很长的时间。

▷**余斌：**这就像上海中心大厦一样，花了几年时间把地基打牢了，上面的楼层盖起来其实很快的。小梅，我们的事务所就在上海中心大厦，欢迎你节后过去参观，我还可以顺便带你去 52 层体验一下中国最高的“空中书店”——朵云书院。

▷**小梅：**太好了，谢谢余叔叔。

6

虽然社会主义拥有政治在资本之上的优势，拥有社会立场的优势，但是如果社会主义不能处理好两个问题的话，社会主义在立场上的优势最终也会化为乌有。第一个问题：政治应该如何正确对待资本？第二个问题：人民应该如何有效制约政治？

咖啡馆的窗外，步行街的路灯忽然点亮了。不知何时，下午茶的时光已经悄然溜走，都市的黄昏已无声地降临。对面的石库门房子里也明显忙碌了许多，为迎接晚餐时光的来临做着最后的准备。月上柳梢头，人约黄昏后，新天地最温暖、最美好的时刻即将到来。

▶**我：**丹尼尔先生，我知道您晚上就要离开上海，但是不知道您具体的行程。您还有多少时间呢？可否请您一起吃个晚饭？

▷**丹尼尔：**谢谢刘教授，我还有点时间，不过用来吃晚饭怕是不宽裕了。所有，如果您允许的话，我愿意把跟你们在一起的这点宝贵时间，全部留给我们的讨论——只是这样一来，可能就要耽误你们吃晚饭了。

▷**余斌：**没关系，我们刚刚不是吃了茶点吗？我也愿意继续讨论下去。小梅，你饿了吗？

▷**小梅：**我不饿，我也愿意继续讨论下去，这么难得的机会！

▶**我：**好的，既然大家都愿意继续讨论下去，那我们就继续。澄清了社会主义的立场问题，接下来我们要讨论的问题，我估计你们应该都猜到了吧？

▷**丹尼尔：**我想我应该是猜到了：澄清了社会主义的立场问题，您接下来要谈的，一定是社会主义的方法问题。

▶**我：**没错。有了好立场，还得有好方法——这个世界上好心办成坏事的例子，真可谓比比皆是。

▷**丹尼尔：**刘教授，刚才在讨论立场的时候，我就隐隐然听出来了：这个方法的问题其实并不简单——所以，我早就在期待了。希望接下来的讨论，能够把我关于社会主义的所有困惑全部一扫而光。

▶**我（笑）：**丹尼尔，您的期待太高了。

▷**丹尼尔：**我是认真的，刘教授。

▶**我：**好吧，那我一定努力。虽然社会主义拥有政治在资本之上的优势，拥有社会立场的优势，但这并不意味着社会主义就可以不讲究方法了。在我看来，如果社会主义不能处理好两个问题的话，社会主义在立场上的优势最终也会化为乌有。

▷**丹尼尔：**哪两个问题？竟然如此重要。

▶**我：**第一个问题：政治应该如何正确对待资本？第二个问题：人民应该如何有效制约政治？

▷**余斌：**哇哦，这两个问题结棍。

▷**丹尼尔：**太棒了，这正是我的期待。刘教授，如果您能把这两个问题讲清楚，我想不仅是我，很多西方人都会因此消除对社会主义的成见。

▶我： 好吧，但愿我能讲清楚。我们先来讨论第一个问题：政治应该如何正确对待资本？我们都知道，2019 年是新中国成立 70 周年。在我看来，这 70 年大致上可以分为 3 个阶段：30+30+10。

▷余斌： 30+30+10？

▶我： 我们先说第 1 个 30 年，也就是 1949 年至 1978 年。如果让我用一句话来概括这 30 年时间里政治与资本的关系，那么我会推荐这句话——“政治消灭资本”。世界上没有无缘无故的爱，也没有无缘无故的恨。当时人们仇视资本，的确也是事出有因的。咱们先说得远一点：在马克思的那个年代，资本为了自己的利润，真的不惮于把自己变成吸血鬼——只要你们去读一读马克思的《资本论》，就会相信这一点。马克思在《资本论》里说：“他们在整整 10 年内，每天用 10 小时从那些必须靠人放到凳子上才能干活的幼童的血中抽出丝来。1844 年的法令虽然‘抢走了’他们让不满 11 岁的儿童每天劳动 $6\frac{1}{2}$ 小时以上的‘自由’，但是保证了他们每天剥削 11—13 岁的儿童 10 小时的特权，并且取消了儿童在其他工厂本来可以受到的义务教育。这一次的借口是：‘细巧的织物需要灵巧的手指，而这只有年幼时进工厂才能做到。’儿童们由于手指细巧而被杀戮，正如俄国南部的牛羊由于身上的皮和油而被屠宰一样。”“如果但丁还在，他会发现，他所想象的最残酷的地狱也赶不上这种制造业中的情景。”——在《资本论》中，这样的描绘简直就是随处可见。我必须承认，当年读这些文字的时候，我的内心的确被深深地震撼了。

▷**小梅：**天哪，居然用童工，而且还是 11 岁的孩子！

▷**余斌：**这也太残忍了。当时的资本家都是怎么想的？怎么会做出这样的事情来呢？

▶**我：**他们早已经被异化了，被资本异化了，就像马克思在《资本论》里所说的："作为资本家，他只是人格化的资本。他的灵魂就是资本的灵魂。而资本只有一种生活本能，这就是增殖自身，创造剩余价值，用自己的不变部分即生产资料吮吸尽可能多的剩余劳动。资本是死劳动，它像吸血鬼一样，只有吮吸活劳动才有生命，吮吸的活劳动越多，它的生命就越旺盛。""我死后哪怕洪水滔天！这就是每个资本家和每个资本家国家的口号。因此，资本是根本不关心工人的健康和寿命的，除非社会迫使它去关心。人们为体力和智力的衰退、夭折、过度劳动的折磨而愤愤不平，资本却回答说：既然这种痛苦会增加我们的快乐（利润），我们又何必为此苦恼呢？"所以，想知道当时的资本家是怎么想的吗？这就是被资本异化之后的灵魂作出的回答。

▷**余斌：**不可思议，那时候的法律也太不完善了，整个社会简直就像是一个屠宰场，任由资本去摧残和收割生命。

▷**丹尼尔：**跟现在的社会比起来，简直就是恍若隔世。刘教授，如果我生活在那个年代，天天看到这样的场景，我想我也会成为"愤青"的。

▶**我：**那我推荐您去看一部电影——《青年马克思》，拉

链 接

电影《青年马克思》

《青年马克思》是拉乌尔·佩克执导的传记影片，由奥古斯特·迪赫、斯特凡·科纳斯克、薇姬·克里普斯主演，2017 年 2 月 12 日在德国柏林电影节上映，2018 年 5 月 5 日在中国上映。影片的主要内容是：1843 年，君主专制下的欧洲饥荒肆虐，经济萧条，危机四伏，工人组织纷纷成立。青年马克思因撰文抨击普鲁士国王，导致《莱茵报》被迫停刊，于是带着妻子迁居巴黎，结识了青年恩格斯。马克思和恩格斯相识后，两人互为精神支柱，共同完成了经典文献《共产党宣言》。电影《青年马克思》上映后获得了不少好评。有评论认为，该片塑造了很少见的青年马克思的形象，把马克思写成了一个人，而不是一个神，电影不仅更加贴近观众，也让观众能更加丰富立体地理解伟人的思想。

乌尔·佩克导演。看完之后，相信您就更加能够理解：为什么马克思会成为那个年代的“头号大愤青”？

▷**丹尼尔：**好的，我一定去看。

▷**小梅：**我也一定要看。

▶**我：**正是基于对资本丑恶本性的深切认知，马克思才会在《共产党宣言》中这样说道：“整个社会日益分裂为两大敌对的阵营，分裂为两大相互直接对立的阶级：资产阶级和无产阶级。”“从这个意义上说，共产党人可以把自己的理论概括为一句话：消灭私有制。”完全可以想象，当时的马克思一定是怀着对资本的满腔怒火，写下这些激烈的文字的。

▷**余斌：**是的，完全可以理解。

▶**我：**然后，随着资本跨国征服的脚步，资本的丑恶迅速地蔓延到了全世界，对资本的愤怒也就如影随形地蔓延到了全世界。1921 年 7 月，就在咱们边上的那幢石库门房子里，13 个年轻的中国知识分子也正是怀着这样的愤怒，写下了他们的第一个党纲：“消灭资本家私有制，没收一切生产资料，如机器、土地、厂房和半成品等生产资料，归社会所有。”

▷**小梅：**叔叔，刚才我在参观会址的时候，还觉得这句话是不是有点太极端了。现在我知道了：这个世界上的确没有无缘无故的爱，也没有无缘无故的恨。

▶**我：**这也就是在新中国的第 1 个 30 年，政治会以消灭资本为己任的原因所在。前面我们谈到了 1953 年至 1956 年的社会主义改造，这段时间其实真的只是“过渡”而已——到了 1955 年的时候，一个更加激烈的口号被提了出来：“我们的目的就是要使资本主义绝种，要使它在地球上绝种，变成历史的东西。”就这样，政治终于发动了对资本的歼灭战。接下来，就再也没有任何力量能够阻挡历史的钟摆向左的极端呼啸而去了。于是，我们看到了“大跃进”；看到了“文化大革命”；看到了“割资本主义尾巴”；看到了“狠批私字一闪念”；看到了“宁要社会主义的草，不要资本主义的苗”。可以说，自新中国成立一直到“文化大革命”结束的近 30 年时间里，政治对待资本的态度和方法可以归结为一句话——消灭资本。

▷**余斌：**然而，历史也已经证明：极左的后果是极其严重的。

►**我：**没错。更准确地说：第 1 个 30 年的建设成就是巨大的，然而彻底消灭资本的后果是极其严重的。在爱国主义和集体主义的旗帜号召下，曾经饱受“三座大山”压迫和欺凌的中国人迸发出了空前的热情和干劲，创造了许许多多令人难以置信的奇迹——“两弹一星”工程就是这样的一种奇迹。然而，当这种集体主义终于走向了极端之后，人为的社会制度一厢情愿地超越了人类的自觉水平，从而成为无源之水、无本之木。

1967 年 6 月 17 日，我国第一颗氢弹空爆试验成功

资本的确被消灭了，然而每个人心中的那部分私人立场却不可能被消灭，相反还像病毒一般，因为制度抗体的消失而在当时的社会肌体里大肆发作起来，从而让这个社会付出了极其惨重的代价：“大跃进”的狂躁之后，便是天灾人祸的“三年困难时期”；“文化大革命”的动乱之后，整个国民经济更是濒临崩溃。

▷**丹尼尔：**刘教授，您知道吗？我们西方社会对“共产主义中国”的深刻成见，其实很大程度上就是源自这段可怕的历史。

▶**我：**我知道的。10 多年前，我在上海负责一个培训项目，学员都是香港的大律师和其他专业人士。第一天吃早饭的时候，当时的香港律师会会长——也就是这个班的班长——问我：“刘教授，你多大年龄了？”我说：“我是 70 后。”他又问：“那你知道‘文化大革命’吗？”我说：“当时太小了，没有留下什么印象。”这位律师会长叹了一口气，说：“唉，我经常给香港的年轻人讲：你们不知道‘文化大革命’，就不知道我们为什么这么怕。”

▷**余斌：**呵呵，这位律师会长很不客气啊。

▶**我：**我一点都不介意。只要实事求是，客气不客气对我来讲不是最重要的。

▷**余斌：**那后来呢？

▶**我：**后来？后来我用了 7 天的时间去培训他们啊。

▷**余斌：**再后来呢？

▶**我：** 再后来？再后来这位班长自己掏钱买了我的一本书送给全班每位同学，然后请求翻译这本书，说是应该让西方人也都读这本书。

▷**余斌：** 啊，还有这事？你这么厉害？

▶**我：** 我一点都不厉害。我其实只有一个本事，那就是——实事求是。这个世界上的事情，对的就是对的，错的就是错的；优点就是优点，缺点就是缺点。只要实事求是，什么样的人都能够交流，什么样的事都能够探讨；不懂可以请教，不会可以学习；对的就要坚持，错了就要改正。一个人应该如此，一个政党应该如此，一个社会制度也应该如此。我想，这位班长之所以会接纳我，大概就是因为我的这个态度吧。

▷**丹尼尔：** 刘教授，我又何尝不是呢？我也正是因为您的实事求是，所以才与您成为好朋友的。

▶**我（笑）：** 我知道的。在我看来，当年望志路 106 号里的 13 个人创立的这个组织之所以能够走得这么远，发展得这么壮大，最重要的法宝其实只有两个：一个就是全心全意为人民服务；另一个就是实事求是——前面讲的是立场，后面讲的是方法。立场就不用再说了，咱们就说方法吧。可以这么说：这个组织什么时候实事求是了，它的事业就会胜利；什么时候不实事求是了，它的事业就会挫败。“大跃进”和“文化大革命”时期，实事求是的法宝简直被抛到了九霄云外，政治根本无视人性中私人立场的那一面，从而将片面的真理当成了全面的真理，进而用真理的一部分去攻击真理的另一部分。

▷**余斌：**没错，当时犯下的错误就是如此。

▶**我：**把片面的真理当成全面的真理，那么这片面的真理就连真理的片面都谈不上了，最后只能是变成谬误；用真理的一部分去攻击真理的另一部分，结果就是同归于尽，玉石俱焚，最后收获的只能是真理的尸首。

▷**小梅：**叔叔，我要赶紧把这几句话记下来。我怎么感觉这几句话的口气似乎有点像马克思呀。

▶**我（笑）：**那就算我近朱者赤吧。当新中国的第 1 个 30 年走到了“文化大革命”的极端之后，历史的钟摆就再也无法向左继续摆动了。于是 1978 年，石破天惊的反摆运动开始了：党的十一届三中全会召开，中国的改革开放开始了——新中国的第 1 个 30 年彻底结束，第 2 个 30 年正式拉开了帷幕。如果说第 1 个 30 年是从 1949 年至 1978 年，那么第 2 个 30 年就是从 1978 年至 2008 年；如果说第 1 个 30 年政治与资本的关系是——政治消灭资本，那么第 2 个 30 年政治与资本的关系就是——政治重建资本。

▷**小梅：**第 1 个 30 年是政治消灭资本，第 2 个 30 年是政治重建资本——真的就像是钟摆在反摆的感觉。

▶**我：**是的，历史的钟摆的确是反摆了。1979 年春天，在人民大会堂的福建厅，邓小平请荣毅仁等 5 位著名的工商业者吃了一顿著名的火锅。荣毅仁何许人也？“红色资本家”，是“红色”的，不过依然是“资本家”。在人民大会堂请这些曾经被打倒的“资本家”吃火锅，无疑是在向全世界发出中国决心重建资本的明确信号。而在这次火锅宴上，邓小平的确也是这么说的——“国际上资本主义有用的东西，可以拿来为我所用”“党中央对你们原工商业者寄予厚望”。

▷**小梅：**1979 年，那是一个春天。

▷**余斌：**有一位老人，在中国的南海边画了一个圈。

▷**小梅：**神话般地崛起座座城，奇迹般聚起座座金山。春雷啊唤醒了长城内外，春晖啊暖透了大江两岸。

▷**丹尼尔：**等等，我怎么觉得你俩一唱一和的，像是在唱哪首歌？我觉得有点耳熟，一时又想不起来。

▷**小梅（笑）：**丹尼尔叔叔，这的确是一首歌，叫作《春天的故事》，就是歌颂当年中国改革开放的。

▷**丹尼尔：**没错，没错，就是这首歌，我对上号了。

▶**我：**丹尼尔，从大家对这首歌的由衷喜爱，您就不难看出改革开放在中国人心目中的地位了。1979 年的中国，真的就像是歌中所唱的那样，迈开了气壮山河的新步伐，走进万象更新的春天。

▷**丹尼尔：**我感受到了。从你们的情绪变化中，我真的感受到了一种由衷的喜悦和自豪。

▷**余斌：**还没完呢，这首歌还有下半部分。

▷**小梅：**1992 年，又是一个春天。有一位老人，在中国的南海边写下诗篇。天地间荡起滚滚春潮，征途上扬起浩浩风帆。

▷**余斌：**春风啊吹绿了东方神州，春雨啊滋润了华夏故园。啊，中国，中国，你展开了一幅百年的新画卷，捧出万紫千红的春天。

►**我（笑）：**余斌，你怎么突然间诗兴大发起来了？

▷**余斌：**我这叫作饮水思源啊。没有 1979 年的改革开放，没有 1992 年的南方谈话，就不会有中国的律师业，就不会有中国的资本市场，也就不会有我今天的工作和生活。我在上海中心大厦的办公室凭窗眺望浦江两岸的时候，就常常思考这个问题。要我说，这第 2 个 30 年的重建资本，重建得好！

►**我：**的确重建得好。从哲学上说，重建资本的最大价值，就在于重新正视了人性中的私人立场，重新构建了社会立场与私人立场之间的新平衡，从而激活了社会财富的微观增长机制。改革开放能够取得如此巨大的成就，其根本的哲学逻辑正在于此。

▷**丹尼尔：**刘教授，这个道理您 2019 年在映秀书院的时候也讲过。当时你是用一张纸的正面和背面相互对立和相互依存的关系来解释这个道理的，讲得既深刻又浅显，连阿依古丽和求吉卓玛都听懂了。

►**我：**没错，就是这个道理。政治与资本，社会立场与私人立场，的确就像是一张纸的正面和背面，它们是相互对立，又是相互依存的。第 1 个 30 年政治消灭资本，就如同纸的正面消灭了纸的背面；然而，一旦纸的背面被消灭了，那么纸的正面也就同时被消灭了——所以，等于是自己消灭了自己。而第 2 个 30 年政治重建资本，就如同纸的正面重建了纸的背面；

然而，一旦纸的背面被重建了，那么纸的正面也就同时被重建了——所以，等于是自己重建了自己。

▷**小梅：**这个例子果然是既深刻又浅显，我也一下子听懂了。

▶**我：**重建资本的好处说完了，现在我又应该泼点冷水了。

▷**丹尼尔：**泼冷水？为什么又要泼冷水？

▶**我：**因为在经过第 2 个 30 年的改革开放之后，历史的钟摆逐渐摆向了右的极端，有益的重建资本开始逐渐演变成为有害的放纵资本。

▷**丹尼尔：**有益的重建资本逐渐演变成为有害的放纵资本？

▶**我：**没错，30 年重建资本的成功的确遮蔽了很多人的眼睛，也迷惑了很多人的心窍。政治学会了招商引资，于是有些人便习惯了与老板们觥筹交错，称兄道弟；政治学会了“与资本共舞”，于是有些人便在舞步飞旋中拜倒在了资本的“石榴裙”下。政治与资本的传统二人转摇身一变，变成了灯红酒绿中的交谊舞，而且还勾肩搭背，搂搂抱抱的，好不亲热，又好不暧昧。

▷**余斌：**这的确也是事实。第 2 个 30 年重建资本的成就是巨大的，腐败也是严重的，官商勾结，行贿受贿。说实话，有段时间，我们都以为这个社会大概是没救了。

▷**丹尼尔：**那段时间中国的腐败问题的确十分严重，西方媒体的报道那可是一点儿都不客气的。说实话，这等于是为“共产主义中国”又增添了一条“罪状”。

▶我： 这就是资本的厉害之处——异化。马克思有一部很有名的著作——《1844年经济学哲学手稿》，我把它称为“小《资本论》”，如果你们没时间去啃《资本论》这种大部头，那一定要读一读这部《手稿》。《手稿》对资本的异化问题研究得十分透彻，正如书中所说的，当资本遭遇劳动，“工人降低为商品，而且降低为最贱的商品”；当资本遭遇人心，“私有制使我们变得如此愚蠢而片面，以致一个对象，只有当它为我们所拥有的时候……才是我们的……一切肉体的和精神的感觉都被这一切感觉的单纯异化即拥有的感觉所代替”；而当资本遭遇权力，“并不因此直接得到政治权力，这种财富直接和径直提供给他的那种权力，无非是购买的权力”。

▷余斌： 马克思说得太好了：当资本遭遇权力，并不因此直接得到政治权力，他直接得到的，无非是购买的权力。有钱能使鬼推磨，只要钱给得够多，不要说是小鬼了，怕是阎王爷都可以收买来替你推磨吧。前些年资本市场发生股灾，你们看最后处理了多少官员啊，有的居然还是资本监管层的最高官员。简直就是不可思议，这些人的屁股早就不知道坐到哪里去了。

▶我： 资本经常让我联想起宇宙中的黑洞。我们的天文望远镜之所以看不见黑洞，并不是因为它不存在，而是因为它的质量太大了，引力太大了，甚至大到了连光都无法逃逸的程度，所以才无法被我们直接观测到。然而，宇宙中的任何东西只要靠近黑洞，都会被它的巨大引力所扭曲，甚至跌入黑洞，万劫不复。同理可证，资本一旦积聚到了一定的规模，也会产生黑洞效应，外人真的无法得知内部究竟发生了什么，因为没有光。然而，一切靠近它的事物都将被扭曲，乃至被吞噬，这就叫作异化。

▷**丹尼尔：**刘教授，这个比喻真的很贴切——资本异化的黑洞效应。

▶**我：**资本异化的作用是普遍的，所以，在那段时间里，我们看到了富士康令人震惊的“十三连跳”，也看到了泛滥成灾的毒奶粉和地沟油；我们看到了野蛮的拆迁和天价的楼市，也看到了漫天要价、欲壑难填的“钉子户”；我们看到了在资本的“糖衣炮弹”下“前仆后继”的贪官污吏，也看到了社会道德底线已经失守的“小悦悦事件”。古今中外的历史早已证明：如果不加警惕和约束，整个社会都不可能逃脱资本趋利冲动的异化——不管是政府，还是企业；不管是精英，还是平民。现象似乎光怪陆离，人人好像居心叵测，其实追根究底，也不过是一个“利”字当头而已——生产毒奶粉的人其实不是想害人，而是想赚钱。只是因为害人可以赚钱，所以他们就害人。

▷**余斌：**没错。“道义放两旁，把利字摆中间”，这的确就是当时社会上很多人的真实写照。

▶**我：**所以，必须提出警告的是：一旦资本的逻辑完成对整个社会的控制和异化，我们整个民族都将面临灵魂被扭曲的危险，中国社会将会在西方社会曾经跌倒过的大坑里再跌倒一次。

▷**小梅：**资本，资本，有多少财富因你而来，就有多少罪恶如影随形。叔叔，我们究竟应该怎么做，才能够做到扬其所长，避其所短呢？

▶**我：**小梅，你的这个问题，也正是无数仰望星空的中国人叩问苍天、叩问心灵的问题，而历史最终作出了自己的回答。2008 年，当第 2 个 30 年也走到了极端之后，历史的钟摆终于再次回摆了。

▷**小梅：**叔叔，为什么是 2008 年呢？

▷**丹尼尔：**我知道为什么是2008年，因为汶川大地震——刘教授 2019 年在映秀书院的时候就说过了。作为一名长期跟踪观察汶川震后变化的公益组织负责人，我其实特别赞同刘教授的这个判断。

▷**余斌：**刚才你一说 2008 年，我就猜到了。是的，2008 年对于我们中国人来说，真的是太特殊、太重要、太难忘了。就我个人的心路历程而言，2008 年的汶川地震，的确让我重新燃起了对这个国家和这个民族的信心。看到那么多的中国人被地震夺去了生命，又看到那么多的中国人奋不顾身地为爱逆行，我都不知道流了多少泪，简直就是天天以泪洗面。说实话，成年之后我就没有哭过，那段时间里，我算是把所有的泪都流尽了。

2008 年汶川特大地震遗址

▷**小梅：** 我那年 11 岁，哭得都快不行了。现在想起来，心还好痛。

▶**我：** 是的，好痛，但是也好骄傲，好欣慰——一种悲怆之上的骄傲，一种痛苦之后的欣慰。这场大地震虽然夺去了数万同胞的生命，但是它终于让我们相信了：中国人无论走得多远，终究还是要回家；社会主义从来就没有离开，它依然还在。请记住：我这里所说的社会主义，不仅是从制度的角度说的，更是从历史的角度说的，还是从人心的角度说的。因为社会主义不仅仅意味着制度安排，在更高的意义上，它意味着对团结互助的渴望，意味着对命运与共的憧憬，意味着对家国天下的坚守——而这些，恰恰是我们中国人骨子里的基因。什么叫作自觉？这就叫作自觉，制度之上的自觉，中国人的集体自觉。自觉是人心所向，自觉是历史洪流，自觉是决定一切的力量——在这份自觉面前，社会主义制度是被选择的，是被决定的，而绝不是相反。汶川地震中的泪，是中国人爱的泪，是中国人痛的泪，也是中国人悔恨的泪。从此我们知道了：无论我们走多远，我们都要回家；无论金钱如何离间，我们也决不分开。

▷**小梅：**叔叔，我全听懂了，我真的全听懂了。

▷**余斌：**真的是荡气回肠。你说得没错：汶川地震的泪，是中国人爱的泪，是中国人痛的泪，也是中国人悔恨的泪。地震之后，多少曾经在市场上一心逐利的企业家，义无反顾地投入到了抗震救灾和灾后重建之中——我知道，他们正在寻找他们失落的草帽。

▷**丹尼尔：**唉，怎么说好呢？我一个外国人，都被你们感动了。本以为这回讨论主义的问题，应该够理性了吧？没想到，到头来又被你们从情感上解决掉了。

▶**我：**丹尼尔，您的感受没毛病。任何社会制度的选择，都不仅是一种理性的选择，更是一种情感的归依。中国人自古以来就有家国天下的理想，所以我们的制度，一定是以社会为本位的，一定是以天下为己任的，也一定是与我们的理想相伴而行的。社会主义在中国的扎根，是历史与现实的传承，也是理智与情感的共振。这个社会主义，不是别人给的，而是我们自己的。

▷**小梅：**这个社会主义，不是别人给的，而是我们自己的。

▶**我：** 这就是为什么历史的钟摆一定会再次反摆，而第 3 个 30 年又一定会来临的根本原因。当然了，在经过了两个 30 年的极端摆动之后，历史钟摆的第 3 个 30 年不会再摆回到左的极端，当然也不会再摆回到“右”的极端，而是会在两端之间左右摇摆，反复震荡，最后逐渐寻找到一个稳健的均衡点。到了那个时候，新中国就走完了完整的 3 个 30 年，我相信，政治与资本的关系一定会谱写出一个新篇章，社会主义也将会步入一个新时代。

▷**丹尼尔：** 刘教授，那您能不能告诉我，到了那个时候，政治与资本之间究竟会是一种什么样的关系呢？

▶**我：** 如果说第 1 个 30 年，政治抑制资本，乃至消灭资本；第 2 个 30 年，政治重建资本，乃至放纵资本；那么第 3 个 30 年，政治既不消灭资本，也不放纵资本，而应该驾驭资本。

▷**丹尼尔：** 既不消灭资本，也不放纵资本，而应该驾驭资本。

▶**我：** 是的，驾驭资本。更完整地说：驾驭资本为人民服务——“驾驭资本”是一种方法；“为人民服务”是一种立场。

▷**余斌：** 驾驭！没错，就是这个理儿。对待资本，真的应该像骑马一样：如果没有这匹马，你根本就跑不快，打起仗来就是步兵对骑兵，根本不是人家的对手；可是有了这匹马，却又没有驾驭它的本领，那么你早晚会被马摔死的——跑得越快，摔得越狠。

▷**小梅：**所以，既要有这匹马，又要能驾驭它，这样我们才能又快又安全地到达自己的目的地。叔叔，我们说得对不对？

▶**我（笑）：**这些话一定在你们的心里转好多圈了吧，所以我一开闸，它们就像马儿一样全跑出来了。你们说得很对：资本的确具有巨大的能量，放纵它，资本就是一头危险的野兽；驾驭它，资本就是一匹英勇的神骏。所以，第 3 个 30 年的政治，既不应该消灭资本，也不应该放纵资本，而应该驾驭资本为人民服务。

▷**丹尼尔：**刘教授，2019 年在映秀书院的时候，您就说过 3 个 30 年的道理，不过那个时候您是从“公”与“私”的角度来说的；而今天您说的 3 个 30 年，则是从政治与资本的关系角度来说的。我突然发现，这两个角度看似不同，其实都是一回事儿。

▶**我：**是的，丹尼尔。“公”与“私”的关系，就是社会立场与私人立场的关系，也就是政治与资本的关系。只不过，2019 年在映秀书院的时候，我只说第 3 个 30 年“公”与“私”之间应该平衡，没有具体说应该如何平衡。今天我们给出了答案，那就是：政治驾驭资本。换句话说，人我所欲也，马亦我所欲也，二者都要抵达终点；只不过这个过程呢，一定是人骑马，而不是马骑人；一定是政治驾驭资本，而不是资本驾驭政治。前面我们在讨论资本与政治关系的时候，你们都同意不应该走极端，然而即便如此，分清主次依然十分重要——政治驾驭资本，才是政治在资本之上，才是社会主义。

▷**余斌：**哈哈，是人骑马，而不是马骑人。这个比喻生动，我看那些一心掉到钱眼里的人，就不是人骑马，而是马骑人——没能驾驭资本，反而被资本给驾驭了。

▶**我：**倘若政治驾驭资本这个前提能够建立得起来的话，那么接下来，政治与资本的关系同样可以在一个更高的层次上获得一种和谐。真正的马术高手，跟马是好朋友，懂马性，惜马力，不用呵斥鞭打，就可以让马跑得又快又省，又稳又准又长远——所以，杰出的政治家一定是懂资本、爱惜资本的，也是善于运用资本来推动经济社会发展的；同理可证，真正的好马，同样也应该是骑手的好朋友，通人性，善配合，不用呵斥鞭打，就可以跑得又快又省，又稳又准又长远——所以，杰出的资本家一定是懂政治，理解政治的，也是善于将自己的发展目标与政治的发展目标统一起来的。

▷**余斌：**从理论上说，我十分赞同你的分析。然而，从现实上说，这只是一种理想状态，以现在政治和资本的水平，坦白说还是很难做到的。

▷**丹尼尔：**我也觉得挺理想化的，不过道理的确是对的。

▷**小梅：**理想还是要有的，万一实现了呢？

▶**我：**小梅说得对。理想就是目标，就是努力的方向。做人不怕目标高，就怕人生没目标。对于很多人来说，政治与资本的关系根本就是一团乱麻，甚至认为就是无解的。所以，咱们今天能够从理论上把它们的应然性搞懂，就已经是一个胜利了。再说了，这个理论也相对比较中庸和平衡，总体上是一个正和解，如果政治与资本能够达成共识，同时采取有效方法进行保障的话，那么双方各司其职，各得其所，这个理想也并非没有实现的可能。

▷**余斌：**说得也是。能够从理论上搞清楚政治与资本的关系，本身就是一个胜利。

▷**丹尼尔：**那倒是。反正在今天之前，我压根儿就没有想到这个问题会有这个答案。

▶**我：**实现这个目标的关键，首先还在于立场：只要政治真正把人民的利益放在了自己的心中，自然就可以大大降低自己被资本异化的风险；同理可证，如果资本能够在追求私人利益的同时，也认真考虑社会的利益、人民的利益，那么同样可以从源头上大大降低自己异化政治和损害社会的可能。还有，在立场的问题上，知识这个第三方力量的加入，无疑将会起到很大的作用。要知道，知识天然就具有心怀天下的立场，如果未来知识能够与政治重新结盟的话，我相信政治被资本异化的风险将会直接下降 1 个至 2 个数量级；如果未来知识还能够与资本实现一定程度结合的话，那就更好不过了——我相信这种结合无须达到知识与政治结盟的水平，就可以将异化政治的风险再下降 1 个至 2 个数量级。异化的风险当然是不可能彻底消除的，然而科学本来就没有绝对，只有概率——连续下降几个数量级，就可能带来本质的变化。

▷**丹尼尔：**我同意这个观点——科学没有绝对，只有概率。

▶**我：**所以说，政治驾驭资本这个命题能否成立，首先取决于政治与资本的立场。当然，有了好立场之后，还需要有好方法——关于这个问题，后面我们马上就要谈到。

▷**丹尼尔：**就是，刘教授，我一直惦记着您的第二个问题呢——人民应该如何有效制约政治？

▶**我（笑）：**放心，丹尼尔，我不会偷工减料的。不过，关于政治如何正确对待资本，我还有几句话想要说完。

▷**丹尼尔（笑）：**我不急，您先说完。

▶**我：**在历史钟摆摆动的过程中，过去的历史惯性（或历史惰性）会被逐渐压缩，最后形成一道“阻力墙”，然后在某个时间点上与历史钟摆的摆动方向形成强烈的对冲。这就好比战斗机在进入超音速的时候，机头前方受到压缩的空气会形成音障，战斗机突破音障的时候会形成强烈的音爆，然后便进入了超音速飞行——历史钟摆的“阻力墙”就像是超音速时的音障。从历史经验上看，历史钟摆的“阻力墙”往往形成在每个30年的第10年左右时间。

▷**余斌：**每个30年的第10年左右时间？

▶**我：**是的。第1个30年从1949年开始，历史钟摆向左摆动了10年之后，在1959年左右时间，与相对向右的“阻力墙”形成了对冲，于是发生了“反右扩大化”“大跃进”和庐山会议等历史事件；第2个30年从1979年开始，历史钟摆向右反摆了 10 年之后，在 1989 年左右时间，与相对向左的“阻力墙”形成了对冲，于是发生了“六四”风波等历史事件；而第 3 个 30 年从 2008 年之后开始，如今已届 10 年左右时间，历史的钟摆正在由右向左地再次反摆。然而不用担心，历史的钟摆永远不可能再次摆回左的极端了，当然它也不可能再次摆回“右”的极端了。我深信，新中国第 1 个 30 年和第 2 个 30 年所形成的两种相反相成的历史力量，一定会相互制约，彼此制衡，最终迫使历史的钟摆在左右两端之间反复震荡，渐趋平衡。我相信，到了第 3 个 30 年结束的时候，政治驾驭资本不再是一个梦想，社会主义市场经济也将走向成熟。

链 接

庐山会议

1959 年 7 月 2 日至 8 月 16 日，中共中央在江西庐山召开了中共中央政治局扩大会议和中共八届八中全会。这次会议的原定议题是总结经验教训，纠正“大跃进”以来的“左”倾错误。随着讨论的不断深入，批评的意见越来越多。7 月 14 日，彭德怀给毛泽东写了一封信，陈述了他对 1958 年以来“左”倾错误及其经验教训的意见。毛泽东批示将彭德怀的信印发给与会全体同志。在小组会上，黄克诚、周小舟、张闻天等发言表示同意信中的意见。7 月 23 日，毛泽东在大会上讲话，认为彭德怀的信表现了资产阶级的动摇性，是向党进攻，是右倾机会主义的纲领。8 月 2 日至 16 日，中共八届八中全会在庐山召开。全会通过了《关于以彭德怀同志为首的反党集团的错误的决议》等文件，决定撤销彭德怀、黄克诚、张闻天和周小舟的主要职务。庐山会议后期对彭德怀的批判和在全党开展的“反右倾”斗争，不仅使经济工作中的纠“左”努力中断，而且使党内正常的政治生活原则遭到了极大的破坏。

▷**丹尼尔：**刘教授，我知道您想要说什么。上次在映秀书院的时候，我就已经明白您的意思了：您其实特别希望人们做事情的时候不应违背历史规律，看问题的时候更要看到历史趋势。

▶**我（笑）：**谢谢丹尼尔的理解。关于资本的问题，我还有一个很有趣的例子，您想不想听？

▷**丹尼尔：**哎呀，快说快说，您知道我最爱听有趣的东西了。

▶**我：**前不久，我受邀到一家医院作讲座。当讲到什么是资本主义的时候，我用了医生们最熟悉的语言打了个比方。我说：目前干细胞技术在医学上非常流行。什么是干细胞呢？大家都知道，我们每个人在最开始的时候，都是一个受精卵——换句话说，就是一个单细胞。然后，这个单细胞会开始分裂，一变二，二变四，四变八；等到分裂成8个细胞的时候，细胞在继续分裂的同时，还会开始分化；就这样，边分裂，边分化，直到变成一个完整的人。所以，我们的身体总共有50万亿—70万亿个细胞，而且不同器官的细胞，构造和功能完全不同——比如骨头细胞和脑神经细胞，简直就是天壤之别。然而，所有这些不同的细胞，最初都是由一个单细胞分裂和分化而来的。由此可见，越往回溯，细胞分裂和分化的潜能就越大。因此，我们就把这种具备分裂和分化潜能的细胞称为干细胞——“干”，就是“茎干”的意思。

▷**小梅：**高中学生物学的时候，好像是有学过一点这方面的知识，不过都快被我忘光了，真是惭愧！

▷**丹尼尔：**这个我也不太懂，学物理的人往往觉得生物学太麻烦了。

▷**余斌（笑）：**这下好了，我们都不懂，就听你一个人说了，反正你说啥就是啥。

▶**我（笑）：**这是真的，生物学上就是这么说的。干细胞技术现在很热门。比如说，女人生孩子的时候，就可以考虑把脐带血冷冻保存起来，因为脐带血里含有大量的造血干细胞。

▷**余斌：**这个我听说过，现在的年轻人好像挺流行这个的。

▶**我：**当然，像我们这种 70 后，当年出生的时候我们的爹妈可没这么时髦，不可能替我们保存脐带血的。所以，如果能够将成熟的体细胞通过诱导变回干细胞的话，那就再好不过了——这就是诱导多能干细胞技术，日本的山中伸弥教授就因此获得了 2012 年的诺贝尔医学或生理学奖。

▷**余斌：**这么厉害，看来干细胞技术确实是个好东西。

▶**我：**的确是好东西。不过既然是好东西，就必然会有大缺陷。

▷**余斌：**什么大缺陷？

▶**我：**这个缺陷就是：干细胞技术有诱发癌细胞的风险。

▷**余斌：**啊？癌细胞！

▷**小梅：**这缺陷可真是够大的了。

▶**我：**你们知道什么是癌细胞吗？假设给你一个培养皿，里边放上一个干细胞，然后给它一些血清，血清里含有足够的生长因子。接下来你会发现，干细胞接收到了生长因子从四面八方传来的生长信号，于是就会开始分裂，一变二，二变四，越来越多，最后铺满了整个皿底。这时候会出现一个有趣的情况：一旦细胞铺满皿底，触到皿壁的时候，就会立即停止生长。

▷**小梅：**为什么？

▶**我：**因为细胞周边的生长信号不够了。我们的细胞很聪明，它有一种自我调节机制，如果没有接收到足够多的生长信号，它是不会分裂的——所以你看我们的器官表面往往都是光滑的。

▷**余斌：**原来如此。

▶**我：**这时候，如果有一个细胞突然“发疯”了——也就是基因突变了，不肯停止分裂，那么它就会在光滑的器官表面上重重叠叠地生长起来，最后长成一个肿瘤。

▷**余斌：**哇，原来肿瘤是这么回事啊。

▶**我：**如果这个肿瘤始终没有发展出自己的供血系统来，那么它会产生代谢中毒，也就是自己把自己给憋死了。这种肿瘤生长有限，没有威胁，我们称之为良性肿瘤。但是，如果这个肿瘤最终突破限制，发展出了自己的供血系统，那就大祸临头了：这个肿瘤会越长越大，长成一个恶性肿瘤，也就是癌症。癌细胞不肯停止分裂，疯狂生长，然后通过发达的供血系统与正常细胞争夺氧气和养分，导致器官的正常功能衰竭。不仅如此，癌细胞还可能在身体里到处转移，从而诱发其他癌症，最终导致人体死亡，这就是癌细胞的致命机理。

▷**余斌：**原来如此，今天算是学习了。

▶**我：**所以，什么是干细胞？能够促进分裂的细胞就叫作干细胞。什么是癌细胞？不肯停止分裂的细胞就叫作癌细胞。看出来了没有：干细胞和癌细胞之间，好东西和坏东西之间，救命和致命之间，其实只有一线之隔。

▷**小梅：**这就是大自然的辩证法。原来真理迈过一步，真的就是谬误了。

▶**我：**是真理还是谬误，那得看从什么立场说了。如果从癌细胞本身的立场出发，不断地分裂增殖，本来就是细胞的生命本能，何罪之有？不仅无罪，反而还应该是增殖得越多，就说明越成功。然而，如果从整个身体的立场出发，那么这种不懂得适可而止的分裂增殖，最终是会把整个身体搞死的——当然也就顺带把癌细胞自己给搞死了。所以，评判干细胞和癌细胞究竟谁是好东西，谁是坏东西，唯一的标准只能是——立场。

▷**丹尼尔：**没错，看来立场问题真的是太重要了。

▶**我：**现在，我要把这个例子跟资本联系起来了。请记住：资本就是干细胞，资本主义就是癌细胞；资本是个好东西，资本主义是个坏东西。中国社会可以有资本，也应该有资本，但是中国社会不可以有资本主义，也不应该有资本主义。

▷**余斌：**资本就是干细胞，资本主义就是癌细胞——哇，这个比喻太贴切了！

▷**小梅：**叔叔，我懂了：资本就像干细胞一样，天生具有分裂增殖的本能，所以一个社会要善于利用资本的这个本领，不断促进社会财富的增殖；而资本主义就像癌细胞一样，不懂得适可而止，只会疯狂地自我增殖，畸形生长，最后会将所有资源全部吸走，将整个社会置于死地。

▶**我：**小梅，你理解得非常正确。这就是政治既不应该消灭资本，也不应该放纵资本，而是应该驾驭资本的原因所在——消灭资本，这个社会就没有了干细胞，生命力就会逐渐枯萎；放纵资本，干细胞就会变成癌细胞，资本就会变成资本主义；只有驾驭资本，资本才会成为干细胞，而不会变成癌细胞，一个社会也才能够做到既不会枯萎，也不会患癌。

▷**余斌：**老同学，你应该把这个理论说给所有的企业家听。不管是国有企业，还是民营企业，都应该好好学习这个理论。你知道吗，以前一说到资本，那就是等于资本主义。而你的理论却告诉大家：资本是个好东西，资本主义才是个坏东西。在我看来，这就等于为在中国这样一个社会主义国家里发展资本扫清了理论上的障碍，也为中国的民营企业家解除了头顶上的魔咒。

▶**我（笑）：**说我为民营企业家解除头顶上的魔咒那就太夸张了，改革开放 40 多年的实践已经做到了这一点。只不过中国的改革开放走到了今天这个阶段，仅靠摸着石头过河肯定是不行了，理论自觉必须为这个民族提供继续远行的灯塔。如果我的这个理论能够让民营企业家从此获得一种自觉——知道自己是谁，知道自己的使命是什么，知道什么是自己该做的，知道什么是自己不该做的，那就再好不过了。如果非要打个比方的话，那么我认为这么说可能会更准确点：这个理论为中国的民营企业家搬掉了悬在头顶之上，随时有可能压下来的五指山，却为中国的民营企业家戴上了跟随唐僧西行取经的紧箍咒。

▷**小梅：** 啊，紧箍咒？

▶**我（笑）：** 小梅不要那么紧张。我只是想起了一句电影台词："戴上了这个紧箍咒，你就不再是个凡人了。"

▷**小梅（笑）：** 哈哈，电影《大话西游》里边的台词。叔叔，我明白您的意思了。

▶**我：** 是的。我说的紧箍咒，就是指社会的立场、人民的立场。资本是一个社会的干细胞，是一个社会生命活力的来源，它的头上本来不应该有五指山；然而，如果不赋予资本一个社会的立场，那么资本就有可能从干细胞突变成为癌细胞，从而对一个社会构成致命性的威胁，所以，它的头上必须要戴上一个社会立场的紧箍咒——戴上这个紧箍咒，资本就不再是个凡人了，而是为普度众生披荆斩棘的孙悟空了。

▷**小梅（笑）：** 那政治岂不就成了唐僧——"阿弥陀佛，走，天竺！"

▷**余斌（笑）：** 万一孙悟空路上不老实了，唐僧偶尔还得念念紧箍咒——"悟空，你又调皮了。"

▷**丹尼尔（笑）：** 你们这个比喻也太搞笑了，不过好像还蛮贴切的。

▶**我：**刚才说的是民营企业，国有企业略有不同，不过大道理也是一样的。2019 年，有家做军工的著名央企邀请我去北京作讲座，听课对象就是这家央企下属的 200 多个成员单位的“董书法”。

▷**小梅：**懂书法？什么“懂书法”？

▶**我：**不是懂不懂书法的那个“懂书法”，是由一个人兼任董事长、党委书记、法人代表，也就是这个单位的一把手。

▷**小梅（笑）：**原来如此。

▶**我：**原来这些董事长都是兼任总经理的，现在不兼任总经理了，而是兼任党委书记，所以这些“董书法”一时不知道自己该做什么。于是集团公司就办了一个培训班，邀请我去讲了一天的课。我用了一天的时间给他们讲了资本与政治的关系。最后我说，如果让我用一句话来概括“董书法”是干什么的，那么就是：“董书法”就是代表政治驾驭资本的骑手。

▷**余斌：**代表政治驾驭资本的骑手？

▶**我：**是的。这些央企都是国有资本，如果说总经理可以更多地代表企业利益的话，那么“董书法”则应该更多地代表整个国家的立场。国有资本也是资本，而资本是追求利润最大化的，所以如果仅仅从资本的角度来看，这家企业也应该是怎么赚钱就怎么做。那么，什么才是最赚钱的呢？我看房地产最赚钱。那还犹豫什么？赶紧投身房地产业啊！你还真别说，虽然这家央企的军工产品做得非常好，但是前些年也的确分了点心，搞了一些房地产项目。因为搞房地产，钱倒是赚了不少，不过问题在哪儿呢？问题就在于：国家给了你这笔资本金，其实是希望你用资本的方法，用符合市场经济规律的方法，造出更多更好的武器装备来保家卫国的，而不是光让你去赚钱的——即便是为了国家赚钱，那也得看社会是需要还是不需要。换句话说，在国有资本的身上，“资本”只是方法，“国有”才是立场。这种企业尤其是企业的“董书法”，必须站在全局的立场考虑自己的经营行为，明白自己应该做什么才是对全局最有利的。同时，在这个立场的大前提下，企业也要善于运用资本的方法，善于运用市场经济的规律来发展自己，以更好地实现全局利益与企业利益的统一。一句话：国有资本应该讲政治，懂资本。

▷**余斌：**讲政治，懂资本。这个要求有点特别，你觉得这个社会能找到这样的人吗？

▶**我：**中国这么大，什么样的人才都有，怕的就是没有发现他们的眼睛。退一步讲，即使这种人才现在不多，只要理论上是对的，措施方面再跟上，培养也要培养出这样的人才来。

▷**余斌：**那倒也是。你刚才讲了民营企业，又讲了国有企业，那么你对最近的混合所有制改革是怎么看的呢？市场上对此似乎也有不同声音，都在猜测这一波操作的背后，到底是国退民进，还是国进民退？

▶**我：**说到混合所有制，我可以扯远一点。你们还记得前面我说过的一句话吗——政治与人民之间是有契约的，资本与人民之间是没有契约的。

▷**小梅：**当然记得了。

▶**我：**其实这句话说得并不完整。完整的话应该是：政治与人民之间是有大契约的，但是没有小契约；资本与人民之间是有小契约的，但是没有大契约。

▷**余斌：**此话怎讲？

▶**我：**虽然政治说一切权力属于人民，但是一个政府成立了之后，它会不会事事都跟老百姓商量着来？比如说，有外事活动要过车队，警察就把交通管制了一段时间。警察在管制交通的时候，有没有跟老百姓商量呢？

▷**余斌：**肯定没有。

▶**我：**所以说，政治与人民之间有大契约，但是没有小契约。

▷**余斌：**有道理。

▶**我：**反过来，如果一个企业要卖手机给消费者，每一次买卖都要订一个合同，不可能强

链 接

混合所有制改革

2013 年 11 月 12 日，中共十八届三中全会决议通过《中共中央关于全面深化改革若干重大问题的决定》，提出要积极发展混合所有制经济，国有资本、集体资本、非公有资本等交叉持股、相互融合的混合所有制经济，是基本经济制度的重要实现形式，有利于国有资本放大功能、保值增值、提高竞争力，有利于各种所有制资本取长补短、相互促进、共同发展；允许更多国有经济和其他所有制经济发展成为混合所有制经济。国有资本投资项目允许非国有资本参股；允许混合所有制经济实行企业员工持股，形成资本所有者和劳动者利益共同体。中共十八届三中全会之后，央企和地方国企的混合所有制改革呈现出了“有序推进、多点开花”的态势，有不少成功案例提供了可参考、可推广的经验和借鉴，也有不少需要进一步探索和总结的地方。

买强卖的。这是什么？这就是契约啊。然而，当这家企业通过经营活动积累起了巨大的资本，那么这些资本从本体上说，跟老百姓就没有什么关系了。所以我说，资本与人民之间有小契约，但是没有大契约。

▷**余斌：** 你说得很正确，就是这个理儿。

▶**我：** 所以，资本与政治之间，其实是各擅胜场的，理应相互学习：政治要向资本学习订立小契约的本领，换句话说，就是学习资本的方法。比如说，做事情还是要考虑投入产出比，不要动不动就来一句“不惜一切代价”，听上去就跟败家子似的；又比如说，施政过程中还是要多跟老百姓商量着办，不管是听证会，还是基层民主，其实都能够帮助政治把事情做得更好。至于资本，则应该向政治学习订立大契约的本领，换句话说就是学习政治的立场，关于这点我们前面已经说得很多了。

▷**余斌：** 这几句话讲得太正确了，简直就是心有戚戚焉。

▶**我：** 所以，在我的心目中，混合所有制改革的真正意义，不在于是“国退民进”还是“国进民退”，也不在于是“与民争利”还是“让利于民”——这些都不是问题的关键。混合所有制改革的真正意义，在于各取政治和资本之所长，以补资本与政治之所短：引入民资的意义，在于借助资本的效率；引入国资的意义，在于倚重政治的立场。如果一个混改之后的企业，既没有了资本的效率，也没有了政治的立场，那简直就是失败加上失败——这样的混改是没有任何意义的。国资与民资之间究竟是应该分钱还是应该争利，其实是一个比较 low 的问题——只要立场好，效率高，一个社会的资本放在哪个口袋里都是好的。当然了，这话是从长远的角度说的，现实的情况是：正因为如今的民营资本从整体上根本达不到这么高的立场要求，所以一个社会主义国家涉及国计民生的经济命脉，才需要由国有资本来掌握。说白了，所谓国有资本，就是当下政治驾驭资本的重要平台和抓手，否则就像毛主席所说的——“手里没把米，叫鸡都不来。”

▷**余斌：**这段话我爱听。自觉不够，制度来凑。从当下的角度来看，国有资本也罢，混合所有制也罢，其实都只是制度层面的东西；从长远的角度来看，通过这些制度，推动资本逐步建立起社会的立场和人民的立场，大概才是一个社会前进的真正方向。

▷**小梅：**自觉不够，制度来凑——说得真好！拉德布鲁赫说，很多诗人是法学院逃逸的学生。你们都是学法律的，却总能站在法律之上看问题——这点我一定要向你们学习。

▷**丹尼尔：**刘教授，我有个很大的问题，请您务必回答我。

▶**我：**丹尼尔请讲。

▷**丹尼尔：**刚才您说，资本是干细胞，资本主义是癌细胞。我先是愣了一下，仔细再想想：不对啊，如果资本主义是癌细胞的话，那我们西方社会岂不早就得癌症了？可是，我们怎么到现在还活着呢？

▶**我（笑）：** 真是不好意思，丹尼尔，我没有故意要诅咒你们的意思啊！

▷**丹尼尔（笑）：** 我知道，不过这个问题应该怎么看呢？

▶**我：** 从生命科学上说，在癌基因的致癌过程中，人体也会产生各种办法与之抗衡——比如通过甲基化的方式控制癌基因的表达；又比如通过启动 P53 基因迫使癌细胞自杀；等等。所以，面对癌细胞的肆虐，生命是不会束手就擒的。更有意思的是，在生命与癌基因的长期斗争中，双方还会形成一种次优的妥协和平衡：如果癌基因太致命，那么它在杀死生命的同时，岂不是也等于在自杀？——宿主都死了，癌细胞岂不是也就翘掉了？因此，两种进化力量的对抗，产生了共存的妥协。你们知道吗：人体的基因组中有 30 亿个碱基对的 DNA，但是其中居然有超过 97% 的 DNA 是不表达的，一度被科学家称为垃圾 DNA，里面就有很多的癌基因。这些癌基因很早就侵入了基因组，曾经对生命构成了巨大的威胁。而现在它们之所以不再发作，是因为基因组在经过漫长时间的搏斗之后，用甲基化的方法将它们控制住了，从而让双方都得以保全。然而，癌基因毕竟是一种潜在的危险，一旦人体的激素水平发生重大变化，这些癌基因随时有可能被去甲基化，从而在人体里大肆表达，于是癌症就发作了。

▷**小梅：** 哇，生命科学真的是太奇妙了，也太微妙了，而且隐含着很多的规律和道理，令人回味无穷。

▶**我：** 所以，丹尼尔，西方社会在进入资本主义时代之后，生产力获得了空前的爆发，然而经济危机也如影随形，而且越来越频繁，越来越严重。究其原因，无疑是资本的贪婪和自私。可以说，每一次经济危机，就像是一次癌症的发作；每一次经济危机，整个社会就像是死过一回似的。然而，社会每死过一回，资本主义也就等于自杀一回——这很显然不会是资本的最优策略。于是，在经过漫长时间的博弈之后，进化最终选择了妥协，资本主义对其宿主——也就是社会——的攻击在一定程度上得到了抑制，资本主义社会才得以延续下去。

▷**丹尼尔：**刘教授，我理解了，您的意思是：就像任何生命都会有自己的平衡术一样，任何社会也都会有自己的平衡术。资本主义社会在长期的发展过程中，也会斗争出一套行之有效的平衡术，从而在一定程度上抑制住自己身上的癌基因，以保证社会能够持续运行下去。我理解得对不对？

▶**我：**你理解得很对。然而，即便如此，癌基因毕竟早已渗透进了这个社会的基因组之中。所以，一旦这个社会发生重大变化，这些癌基因随时有可能被激活，从而将社会置于险境之中。

▷**余斌：**我感觉 2008 年美国金融危机的时候，资本主义的问题就暴露得比较明显。

▶**我：**其实自从跨入资本主义时代以后，西方社会就一直在努力抑制资本主义的破坏性，跨国转移社会矛盾就是其中的重要手段。什么叫作跨国转移社会矛盾？说得好听点，就是跨国追求超额利润；说得难听点，就是把血汗工厂搬到其他国家去，也就是把癌细胞转移到其他国家去——这就是为什么列宁会说“帝国主义是资本主义的最高阶段”的原因所在。不过，这么做总是有极限的：一个极限就是发展中国家的接受度——不甘被剥削的发展中国家可能爆发革命，也可能进军高端竞争力；另一个极限自然就是地球了——你总不能把血汗工厂扩张到月球上去吧。

▷**丹尼尔：**从理论上说，您的分析好像是对的。不过，照您这么说，资本主义岂不是非要完蛋不可？可是，我怎么觉得，第二次世界大战之后的西方社会好像没有要完蛋的迹象啊。

▶**我（笑）：**丹尼尔，我非常同意您的观点：第二次世界大战之后，西方社会并没有要完蛋的迹象——其实何止没有要完蛋，简直就像是焕发了第二春似的。不过，丹尼尔，您确认您现在看到的西方社会与过去的西方社会是一回事吗？举个很简单的例子吧：咱们今天的讨论，是从英格兰银行开始的——它是私人中央银行的始作俑者，也是资本加冕“主义”的标志。可是，您知道吗：英格兰银行现在已经不是私人中央银行了，它在 1946 年就已经被收归国有了。

▷**小梅：**对啊，英格兰银行现在好像的确是国有的了。

▶**我：**英格兰银行只是一个例子而已。事实上，经过第二次世界大战的危机总爆发，世界共产主义运动风起云涌，西方社会如果再不适当采纳社会主义的主张，将会陷入严重的危机

链 接

第二次世界大战之后西方资本主义国家的国有化运动

第二次世界大战后，国有化运动在西方资本主义国家广泛开展。英国于1945年至1951年和1974年至1975年，两度出现“国有化”高潮，除把英格兰银行收归国有外，国有企业在采煤、电力、铁路、邮政、电信、煤气等部门所占的比重为100%；造船、飞机制造和钢铁工业的大部分、2/5的汽车制造、1/4的石油生产也为国有企业所控制。法国于1944年至1948年和1981年至1982年，进行了两次“国有化”运动，将法兰西银行、大型商业银行和保险公司收归国有。1982年，政府已经控制了全部银行存款的90%，全部信贷的85%，同时控制了100%的公用事业、84%的航空工业、75%的军火工业、63%的有色金属工业、54%的基础化学工业、44%的家用和办公用的电子工业。国有企业占全国企业销售额的30%，出口总值的1/3，生产投资的30%以上。1976年，美国也把经济危机中宣告破产的私营铁路公司收归国有，成立了美国国营统一铁路公司。需要注意的是，第二次世界大战之后西方国家的国有化与私有化呈现出钟摆式的运动规律：左翼政府上台，往往伴随着国有化运动；右翼政府上台，则往往伴随着私有化运动。

之中。于是，在这种历史力量的倒逼之下，西方社会终于开始突变了：变得更少点资本主义，再少点资本主义；变得更多点社会主义，再多点社会主义——以至于很多人干脆把北欧高福利国家称为社会主义国家了。一句话，不管西方社会承认还是不承认，世界共产主义运动事实上已经为西方社会注入了社会主义的基因，从而在一定程度上抑制了资本主义基因的肆意表达。尽管资本主义的基因依然还在，然而这帖社会主义解药的靶向疗法的确来得及时，也来得有效。丹尼尔，这就是西方社会在第二次世界大战之后会重新焕发生命力的根本原因所在。

▷**余斌（笑）：**哈哈，丹尼尔，说到最后，咱们成了一家人了。

▶**我：**余斌说的是玩笑话，也不是玩笑话。事实上，中国和西方近几十年来一直都在相互学习：中国在向西方学习资本的方法，西方在向中国学习社会的立场。至于谁学得更好，那得看各自的造化了。就我个人而言，我当然希望双方都能够虚心学习，共同进步，就像莱布尼茨所说的那样：正宜两好合一，互相取长补短，用一盏灯点燃另一盏灯。

▷**丹尼尔：**Oh，My God！

▷**小梅（笑）：**丹尼尔叔叔又说英文了。

▷**丹尼尔：**刘教授，我向您坦白吧：我每次提问题，您总是能够给我一个答案。所以，刚才提这个问题的时候，我心里就在想：我看您这次怎么绕得回来！没想到，绕来绕去，还是被您绕回来了，而且又把我给绕进去了。

▷**余斌（笑）：**"又把您给绕进去了"是什么意思呢？是指把您给绕晕了吗？

▷**丹尼尔（笑）：**不是把我给绕晕了，而是把我给说服了。刘教授，我必须承认：您的理论是有说服力的，一个能够正确对待资本的社会主义是有说服力的。

▶**我：**谢谢丹尼尔，我们又达成共识了。

▷**丹尼尔：**现在，请您给我们讲讲最后一个问题吧：人民应该如何有效制约政治？

▷**余斌（笑）：**看来丹尼尔确实没有被绕晕，思维依然清

政商勾结，沆瀣一气

晰得很。刚才我们在“政治如何正确对待资本”的问题上绕了那么久，我都已经忘记了还有第二个问题，他居然还记得清清楚楚的。

▷**丹尼尔（笑）：**中国有句俗话说得好——“不怕贼偷，就怕贼惦记”。刘教授说过不偷工减料的，我一直惦记着呢。

▶**我：**这个问题是社会主义理论逻辑闭环的最后一块重要拼图，也是西方朋友最关注的问题之一，所以丹尼尔惦记是正常的，不惦记才是不正常的。虽然我们今天的论证已经确凿无疑地证明：政治应该驾驭资本为人民服务，但是你们有没有想过一个问题：政治为什么要这么做？政治有权，资本有钱，大家搂搂抱抱的，不是挺开心的吗？既然都是power，说明权力和金钱天然就是可以勾搭的。至于人民，人民有什么？人民有钱吗？人民有权吗？都没有？那就靠边站，哪儿凉快哪儿待着。

▷**余斌：**唉，这种事儿真是太多了——你懂的。

▶**我：**从理论上说，政治的确应该具有社会的立场、人民的立场，但实际情况是：政治家也是人。既然是人，就会有私人立场，就会有私利。所以，从长远的角度来看，我们寄希望于人类的社会立场能够不断超越私人立场；然而从现实的角度来看，在人类的自觉还没有达到如此高度的情况下，理论上的立场如果没有科学方法的保护，就如同寒冬腊月天里的裸奔，着凉感冒那都是小事，怕的是冻到最后，就一命呜呼了。

▷**余斌：**你说得很对，可是现在就有很多人喜欢这么裸奔，嘴上大唱为人民服务的高调，心里却最厌烦套上制度的衣服了，他们大概觉得，这样不穿衣服才是最自由自在的。

▶**我：**其实，这真的不是自由，而是自杀——刚开始是自由，最终是自杀。古今中外，多少政权兴衰轮回，教训难道还不够深刻吗？

▷**丹尼尔：**我十分同意你们的观点。坦白地说，这也正是西方社会对“共产主义中国”的成见之一。不解决这个问题，中国的制度选择在西方的舆论场里，依然是站不住脚的。

▶**我：**这就是为什么社会主义国家的政治也必须受到有效制约的原因所在。政治在资本之上，说明资本是受制约的；可是，在这种情况下，如果政治不受制约的话，那么它完全有可能抛弃自己的立场，驾驭着资本跑回家去为自己服务了。资本失去制约，固然会形成黑洞效应；政治失去制约，同样也会形成黑洞效应。资本的黑洞固然可以异化政治，异化人心；政治的黑洞同样也可以异化资本，异化人心。所以，如果人民不能有效制约政治，那么我们今天的理论逻辑就无法最后闭环，只能勉强运作，终将崩溃。

▷**小梅：**就像是多米诺骨牌被推倒了第一块，接下来就哗啦啦地全倒了。

▷**丹尼尔：**那么，刘教授，您能不能告诉我们，人民应该如何有效制约政治呢？

▶**我：**人民有效制约政治当然是一个系统工程，然而最核心的答案无疑还是那几个字——民主法治。刚才丹尼尔不就引用了阿克顿勋爵的那句话吗——“权力导致腐败，绝对的权力绝对导致腐败。”这句话在中国其实还有另外一个版本，那就是——“把权力关进制度的笼子”。换句话说，政治权力必须受到制衡，这不仅是西方社会的共识，也早已成为中国社会的共识。而制衡政治最有效的方法，自然还是民主法治。所以我们的结论是：如果中国不搞民主法治，整个社会的逻辑结构就无法闭环，社会主义不仅发挥不出应有的优越性来，甚至还有陷入倒退乃至崩溃的危险。

▷**小梅：**叔叔，我发现您好几次提到了同一个词——逻辑闭环，我相信一定不会是无缘无故的。

▶**我：**小梅，你很细心，也很善于捕捉关键词。没错，我的确好几次用到了这个词——逻辑闭环。我举个例子：有一个人花了很大的力气，修了一条很长的水渠，唯独在中间缺了那么一小段。水渠不可谓不好，可是一旦运作，所有的水都会从这个缺口漏得光光的——从结果来看，这个水渠简直就是一点儿用也没有。现在，小梅，如果让你来处理这个问题，你会怎么做呢？你是把这个水渠全砸了，还是把那段缺口补上？

▷**小梅：**当然是把缺口补上了。就那么一小段缺口，补上就好了，砸水渠多愚蠢啊！

▶**我：**社会主义就是这样的一条水渠。我们用了很大的力气，付出很大的代价，才修成了这么一条水渠。然而，由于工程浩大，经验缺乏，这条水渠至今还没有修完，尤其是中间还留了一个缺口。然而，正是由于这个缺口，使得这条水渠在过去的运作中发生了很多的问题。现在，我们是应该把社会主义这条水渠砸了，还是应该把这个缺口补上呢？

▷**丹尼尔：**当然应该把缺口补上了。

▷**小梅（笑）：**丹尼尔叔叔已经替我回答了。

▶**我：**所以，“逻辑闭环”这 4 个字，隐含着两个意思：第一，不要摧毁逻辑；第二，逻辑必须闭环。“不要摧毁逻辑”意味着我们必须坚持社会主义；“逻辑必须闭环”意味着我们必须要搞民主法治——两个意思合起来，那就是：我们必须坚持搞社会主义民主法治。

▷**丹尼尔：**刘教授，我喜欢您的逻辑思维。不过，请允许我弱弱地问一句：您觉得我们西方社会的民主法治好不好呢？

▶**我：**西方社会的民主法治挺好的，运作多年，行之有效。您应该知道的：100 年前，中国人就已经喊出了向西方的“德先生”和“赛先生”学习的口号——“德先生”指的就是民主，“赛先生”指的是科学。可以这么说吧：100 年时间过去了，这个学生一直尚未毕业，这个学习至今还在进行。

▷**丹尼尔：**既然如此，那为什么还要为民主法治挂上一个社会主义的头衔呢？难道民主法治也要分姓“社”姓“资”吗？

▶**我：**应该这么说：从权力的制衡角度来说，民主法治本身只有方法的不同，没有价值的不同；但是，由于所处社会的性质不同，民主法治在不同社会的作用也会不太一样。

▷**丹尼尔：**您的意思是，民主法治本身是好的，但会受到不同社会性质的影响——我理解得对不对？

▶**我：**就是这个意思。在西方社会，民主法治已经发展得比较成熟，人民可以在一定程度上制约政治。但是，由于资本与人民之间并没有契约，所以人民难以有效制约资本——你们见过哪个资本家是人民选举出来的？要命的是：由于西方社会的资本在政治之上，因此政治也难以有效制约资本——所以，你们发现了没有，西方社会的资本基本上是无人制约的。更要命的是：无人制约的资本是不会在公共生活中充当看客的，它一定会想方设法与人民争夺对政治的影响力，从而削弱了人民对政治的制约效能，也就是削弱了民主法治的效能——虽然人民有选票，但是资本有钞票，而在一个金钱几乎可以购买一切的社会里，钞票的力量无疑是远远超过选票的。

▷**丹尼尔：**关于这点，我是同意的。事实上，金钱在选举政治中的作用，可能还远远地超过了我们这些人的想象。

▶**我：**所以，你们发现了没有：在资本主义社会里，由于资本在政治之上，因此即便加入了民主法治的因素，这个逻辑依然没有完全闭环。

▷**余斌：**可以这么说，这个推理在逻辑上应该是成立的。

►**我：**然而，在中国社会，由于政治在资本之上，资本受到了政治的有力制约；这个时候，如果人民能够通过民主法治来制约政治，然后通过政治驾驭资本来为人民服务，那么政治与资本这两大精英集团就基本上都受控在了人民的利益轨道之内。所以，你们发现了没有：在社会主义社会，由于政治在资本之上，因此只要加入民主法治的因素，这个逻辑就是闭环的。所以，从这个意义上说，西方社会的死穴就是资本主义；而中国社会最值得我们珍惜的，就是社会主义。

▷**丹尼尔：**Oh，My God！

▷**小梅（笑）：**丹尼尔叔叔一说英文，就有大事要发生。

▷**丹尼尔（笑）：**哪有什么大事要发生，我只是突然觉得自己好像又要被绕进去了，所以下意识地抵抗了一下。

►**我（笑）：**我大概知道丹尼尔在抵抗什么。我刚才说了，“如果人民能够通过民主法治来制约政治”——请注意，是“如果”。这说明什么？这说明中国社会在理论上可以完成逻辑闭环，但是在实践上至今尚未完成逻辑闭环。而西方社会虽然在理论上似乎没有完成逻辑闭环，但是这个社会既然已经走了这么久，就说明它在实践上一定采用了很多方法进行补救，从而也能够在一定程度上形成自洽，以便让这个社会运转下去。所以，虽然丹尼尔从理论上无法推翻我的逻辑，但是他也看得出来，我明明是在用一个尚未完成逻辑闭环的东西，去挑战一个似乎已经完成逻辑闭环的东西，所以心里有点不服气罢了——学生居然挑战起先生来了。我猜得对不对，丹尼尔？

▷**丹尼尔（笑）：**您是孙悟空，我是铁扇公主，行了吧？

▶**我：**所以，丹尼尔，首先，恭喜你们已经有了一条堪用的水渠；其次，友情提醒你们，你们这条水渠始终有个修不好的大 BUG，请多加小心；然后，丹尼尔，很高兴地告诉您，我们现在已经有了一条更好的水渠；接着，诚恳地向您承认，我们的水渠也还没有完全修好；最后，我向您保证，一旦修好，我们的水渠一定会比你们的更强——我的确有这个信心。

▷**丹尼尔：**好吧，刘教授，我也很高兴地告诉您：鉴于您实事求是的态度，我愿意接受您的以上说法。

▷**小梅：**好吧，我现在知道了，原来天还可以这么聊。

▷**余斌：**看来丹尼尔也是一个实事求是的人，不过我觉得您的心里应该还有问题的，对不对？

▷**丹尼尔：**是的，我的确还有问题。刘教授，那我就不跟您绕圈子了：既然您承认中国也应该搞民主法治，那么具体应该怎么搞呢？

▶**我：**丹尼尔，您还是客气了，您的问题应该还有更加尖锐的提法——比如说，中国究竟要不要搞多党制？

▷**丹尼尔：**刘教授，其实我是知道的，中国的民主法治是一个很大的命题，不是三言两语就能够说得清楚的，也不是我们在这儿想当然就能够实现的。况且，今天的时间也很有限，所以我并不奢求今天就能够得到全部的答案。不过，如果您真的愿意把一党制和多党制的问题讲清楚的话，那么我今天简直就是满载而归了——当然，这取决于您自己的意愿，我不强求。

▶**我：**谢谢丹尼尔的理解，我们的确正在进入一个巨大的命题之中，要彻底讲清楚这个命题，今天的时间肯定是远远不够了。不过，我必须先跟您强调几点：第一，任何事情都应该可以讨论，不敢面对挑战的理论，一定是虚伪的理论，而在真理面前，不存在敏感不敏感的问题。第二，中国太大了，人才太多了，很多问题不是没有答案，而是没有找到掌握答案的人。您心中的很多问题，我相信都已经有人能够回答了。第三，在中国，民主法治不存在价值上的争论，只存在方法上的争论。换句话说，中国要搞民主法治早已是朝野的共识，但是究竟应该如何实践，还在继续探索之中。然而，民主法治早已是历史潮流，顺之者昌，逆之者亡，任何人要想倒行逆施，必将被历史所唾弃。

▷**余斌：**说得好，老同学！

▷**丹尼尔：**刘教授，我相信您的判断。

▶**我：**现在，丹尼尔，我很乐意与您探讨一党制与多党制的问题，以作为咱们今天这场讨论会的最后篇章，也希望我今天的回答能够对您未来思考中国的民主法治问题提供一些有益的帮助。

▷**丹尼尔：**刘教授，我愿意洗耳恭听。

▶**我：**咱们还是从柏拉图的那句名言说起——“当一个国家最最像一个人的时候，它是管理得最好的国家。”丹尼尔，您同意柏拉图的这句话吗？

▷**丹尼尔：**我十分赞同。一个国家的确就是一个命运共同体，如果一个国家真的能够进化得像一个人似的，那当然是最好不过了。

▶**我：**好的，那我问您，如果一个国家就像一个人的话，那么这个国家的执政党大概应该相当于这个人身体上的哪个部位呢？

▷**丹尼尔：**应该是大脑。

▶**我：**那么，一个人有几个大脑呢？

▷**丹尼尔：**当然只有一个大脑了。

▶**我：**那为什么一个国家不能只有一个执政党呢？

▷**丹尼尔：**啊？！

▷**余斌（笑）：**丹尼尔，顶住啊！不要又被他绕进去了。

▷**丹尼尔：**放心，我会顶住的。刘教授，我觉得不对，我们的国家就是两党制，按照您的逻辑，那岂不是成了一个双头怪物？可是我们不是照样还活得好好的吗？

▶**我：**丹尼尔，两党制当然不是双头怪物了，两党制只是一个脑袋里的两个主意而已。这两个主意是相反的，又是相成的。经过一番斗争之后，最后会定下一个主意来。只不过这样一来，这个主意就不会太偏激了。所以，从这个角度来说，两党制的确是一种有效的权力制衡方法。

▷**丹尼尔：**没错，两个党看上去似乎总是吵吵闹闹的，其实在大的方面还是很有共识的。而经过这么吵闹一番之后，最后定出来的主意的确也就不会太偏激了。刘教授，这不就说明两党制挺好的呀！

▶**我：**是挺好的！不过呢，也并不是每一次斗争，最后都能够定出一个主意来的。如果这两个主意相差太远的话，双方往往就很难妥协——一个想这么做，另一个想那么做，谁也不服谁。最后，这个社会有可能会被撕裂的。

▷**丹尼尔：**那倒是，从理论上说，的确也是有可能的。

▷**余斌：**不是理论上了，我看美国的民主党和共和党现在就真的有点这个架势了。

▷**丹尼尔：**唉，可不是嘛！美国的政治的确是越来越分裂了。共和党越向右，民主党就越向左，而且争议的问题还很难妥协——比如移民问题，比如全球化问题。很多美国人现在都在担心：如果左右之间再这么分裂下去，美国社会是真有可能被撕裂的。

▶**我：**所以啊，丹尼尔，两党制天生就有权力制衡的优势，但是天生也有精神分裂的危险；而一党制呢，又是反过来的，天生就有避免精神分裂的优势，但是天生也有权力失控的危险。在我看来，两者之间是各有长短的，理应取长补短，而不是非此即彼。

▷**丹尼尔：**刘教授，我可以同意您所说的，一党制和两党制各有长短。但是，我现在只想知道：究竟哪个更好？我的意思是：难道中国的大脑就不需要有两个主意相互制衡吗？如果只有一个主意的话，万一出错了怎么办？

▷**余斌（笑）：**丹尼尔突然变得很犀利啊！其实我也很想知道这个问题的答案。

▶**我（笑）：**好的，丹尼尔，既然如此，那我就拉开来讲。我们都知道，一个人只有一个大脑；可是，您知道吗：其实一个大脑是真的分为两个部分的——左半脑和右半脑。两个半脑纵裂分开，左脑偏向理性思维，右脑偏向感性思维。来自身体的反馈信息以交叉路线进入大脑，左脑接收身体右边的信息，右脑接收身体左边的信息，然后由两个半脑分别作出独立判断——当然了，左脑的判断会偏理性一点，右脑的判断会偏感性一点。所以从科学上说，一个大脑是真的有两个主意的。

▷**余斌：**啊，不会吧，这是真的吗？

▶**我：**这还能有假？

▷**丹尼尔：**对啊，这不就是两党制吗？刘教授，这是不是就能够说明，两党制其实更加符合科学原理？

▷**小梅：**可是不对啊，一个大脑两个主意，最后怎么执行呢？

▶**我：**不用担心，生命进化，自有高招。虽然左右半脑被大脑纵裂分开，但是它们的底部却被一个由两亿根神经纤维组成的胼胝体紧紧地连在了一起。右脑作出的判断，必须先通过胼胝体传输给左脑，由左脑对两个判断进行综合平衡；然后，由左脑作出最终决定，并将命令传输给右脑和身体，予以执行。所以，丹尼尔，这两个半脑的地位是不一样的，左脑是主导，右脑是辅助，它们之间并不是在轮流执政，左脑是长期执政党，右脑是长期参政党。

▷**小梅：**生命真的是太奇妙了，也真的好科学啊！这样一来，既保证了两个主意可以相互制衡，又不会导致精神分裂。

▶**我：**左右半脑的分工被科学家发现之后，人们就很好奇：如果左右半脑之间的胼胝体断裂开来，又会发生什么事呢？这事还真有：20 世纪 40 年代，对于一些药物治疗无效的癫痫病人，科学家采取切断胼胝体的方法予以控制。结果呢，这些病人的癫痫的确是被控制住了，但是两个半脑从此也就无法沟通了。于是，左右两个半脑分别作出了自己的决定，左右两侧身体则分别执行了决定。接下来，啼笑皆非的事情出现了：左手刚刚打了你一下，右手马上就去拥抱你；左手刚刚系上了衣服扣子，右手马上就解开了衣服扣子；如此这般，不一而足。

▷**余斌（笑）：**哎呀妈呀，这不就是现实版的“左右互搏”吗？

▷**小梅（笑）：**我看这就是现实版的精神分裂。

▶**我：**的确是现实版的精神分裂。这种病人，被科学家称为“裂脑病人”，也称为“异手症”。裂脑病人的存在印证了左右半脑的理论，美国的斯佩里教授也因此获得了 1981 年诺贝尔医学或生理学奖。

▷**小梅：**真是不可思议！

▶**我：**丹尼尔，左右半脑之间的分工告诉我们，任何体制都需要民主；左右半脑之间的合作又告诉我们，任何民主都需要集中。所以，我们中国人就把这两个相反相成的意思集成为了一个词——民主集中制。

▷**丹尼尔：**民主集中制？

▶**我：**是的，民主集中制。从这个意义上说，一个科学的政治制度必须同时具备这两个相反相成的内涵：民主和集中。不管是一党制缺乏民主，还是两党制缺乏集中，都是一种违背科学的表现。所以我在前面就说了：一党制和两党制应该取长补短，而不应该非此即彼。理论上搞明白了，方法就是可以探索的了——比方说政治协商：中国可以通过加强政治协商来实现民主，就好比打造一个长期参政的右脑；西方则可以通过加强政治协商来实现集中，就好比打造一个连接左右半脑的胼胝体。总之一句话：只要思想不滑坡，办法总比困难多。

▷**丹尼尔：**唉。

▷**余斌（笑）：**丹尼尔怎么叹气了？

▷**丹尼尔（笑）：**我每问他一个问题，他就总是会找到一些奇奇怪怪的东西来堵我的嘴，也不知道这些东西他都是从哪儿弄来的，反正我过去从来没有听说过，也从来没有想到过这些问题还可以这么回答。

▷**余斌（笑）：**同病相怜啊！我也从来没有听说过这些东西，也从来没有想到过这些问题还可以这么回答。

▷**丹尼尔：**其实我这么说，只是开个玩笑。刘教授，我完全赞同您刚才的观点。现在，请允许我最后再问您一个小问题：说起来，咱们大家都是在一个地球上混的，为什么中国社会选择了一党制，而西方社会却选择了两党制或多党制呢？

▶**我：**因为进化的机缘，丹尼尔先生。您知道的，我们的太阳系是一个单星系统，只有一颗恒星，所有的行星都围绕着这颗恒星做公转运动——我们对此都已经习惯了，都觉得这样才正常；其实，在宇宙中距离我们较远的地方，单星系统是比较少的，更多的是双星系统和多星系统——也就是两颗恒星相互绕转，或者多颗恒星以更复杂的方式相互绕转。假设有那么一天，有一个人从一个遥远的双星系统跑来问您：说起来，咱们大家都是在一个宇宙里混的，为什么有的星系是单星系统？有的星系却是双星系统或多星系统呢？丹尼尔，您觉得您会怎么回答他？

▷**丹尼尔：**“因为宇宙大爆炸之后的机缘”，我会这么回答他的，刘教授。我已经明白答案了，谢谢您，刘教授，我没有问题了。

▶**我：**既然丹尼尔不再提问了，那么我就主动补充两个小观点，以便让我们今天的讨论完成最后的闭环。第一个小观点，是关于民主的。刚才在讨论两党制的时候，我们只关注了政党之间的制衡，其实两党制还有一个重要功能：通过两党之间的选票竞争，实现人民自下而上的意见表达与意志倒逼。毫无疑问，这也是一种制衡，但不是精英与精英的横向制衡，而是人民对精英的纵向制衡——这种制衡的逻辑，是自下而上的。

▷**余斌：**没错，这种制衡的逻辑的确是自下而上的。其实我觉得，这才是民主的真正逻辑。

▶**我：**是的，或者更准确地说，这是人民民主的真正逻辑。精英之间的制衡是一种精英民主，人民对精英的制衡则是一种人民民主；只不过人民民主显然更加符合民主的本意，因此也可以直接简称为“民主”——它的逻辑，的确是自下而上的。

▷**余斌：**嗯，有道理。

▶**我：**如果民主的逻辑是自下而上的话，那么它跟我们的大脑究竟应该分成几个部分就没有太大的关系了，而是特别像我们身体的一个重要器官——末梢神经系统。末梢神经能够灵敏地感知周边的冷暖，然后将身体每个部位的真实感受，以电信号的方式传输给大脑，从而实现一种自下而上的信息反馈。如果大脑对末梢神经的反馈不理不睬的话，那么这种电信号将会以痛感的方式，逼迫大脑作出反应，从而实现自下而上的意志倒逼——你们发现了吗？末梢神经的作用机理，与民主的逻辑何其相像。

▷**余斌：**的确很像！末梢神经，嗯，这个比喻确实很有道理。

▶**我：**生命之所以会进化出末梢神经，绝对不是为了给大脑添乱，而是为了更好地保护生命。如果没有末梢神经的反馈，一个人根本就不知道自己的身体正在遭遇什么，也不知道伤害是否已经发生。等到他用眼睛发现的时候，这种伤害往往已经十分严重，甚至已经不可管控了。更可怕的是：由于没有了末梢神经的痛感，这个人甚至还会自己伤害自己。巴基斯坦拉合尔市有一个小男孩，就患有这种先天无痛的怪病。他利用这种“超能力”在街头进行各种自残的表演，可把很多人给吓住了。不过，这样的表演显然不会持续太久：在 14 岁生日的那天，这个小男孩为了给朋友们一个惊喜，“勇敢”地从楼上跳了下去。然后，就没有然后了——他死了。

▷**小梅：**这太可怕了。

▶**我：**所以，我真心期盼天下所有的政治家们都能明白一个道理：民主不是伤害你的，民主是保护你的；自下而上不是伤害你的，自下而上是保护你的。

▷**余斌：**同样的心情，同样的期盼。

▶**我：**第二个小观点，是关于法治的。法治与民主就像是一对双胞胎，不过也有不同的特质。如果说民主相当于我们身体的末梢神经，那么法治就相当于我们身体的植物神经。植物神经又叫自主神经，掌管着许多须臾不可或缺的重要功能——比如心跳、呼吸、消化、排毒等。这些植物神经会按照自己的节奏自组织地运作，不受大脑自主意识的控制。比如说，小梅，一个人的大脑能不能命令自己的心跳停止 5 秒钟呢？

▷**小梅：**这怎么可能？

▶**我：**是的，心脏才不会听大脑的命令呢。我们的生命之所以会进化出这种连大脑的自主意识都不能控制的植物神经，其目的并不是藐视大脑的权威，相反是更好地保护生命。因为只有这样，才能防止大脑由于一时癫狂，或者一时疏忽，导致生命突然终结——你想想看，如果大脑睡觉的时候，忘记了命令心脏跳动，那生命岂不就完蛋了？生命都完蛋了，大脑还能不完蛋吗？

▷**余斌：**没错。照我看来，生命进化出植物神经，对大脑其实只会更好。你想想：如果一个人全身上下所有的事情都要由大脑的自主意识来控制的话，我估计它忙到死也忙不过来，哪里还有什么时间去思考一些宏观的、抽象的问题？

▶**我：**法治就是一个社会的植物神经。它将人类社会在长期发展过程中已经证明是正确的社会关系提取出来，然后用法律的方法将其规定下来，任何人都不能随意改变。欠债要还钱，杀人要偿命，这些道理不需要大人物来定夺，我们都已经知道是对的了。所以，我们把它们写成了民法，写成了刑法。以后只要遇到这些事儿，法律程序就自动启动了，连大人物也不能干预——你们发现了吗，法治的逻辑，与植物神经的作用机理何其相像。

▷**小梅：**真的是太像了。

▶**我：**一个平衡的大脑，一副灵敏的末梢神经，再加上一副稳健的植物神经，这三者之间的有机统一，构成了一个社会民主法治的完整逻辑。丹尼尔，生命是进化出来的，社会也是进化出来的。如果就当前的历史剖面来看的话，中国社会的右脑似乎还不够强大，末梢神经似乎还有点麻木，植物神经似乎也有点紊乱；然而，如果我们从长远的角度来看的话，这场不可逆的进化早已悄然发动，中国民主法治的时代必将来临——对此，我充满信心。

▷**余斌：**而只要中国的民主法治不再缺位，那么人民就应该能够有效地制约政治，然后通过政治驾驭资本为人民服务，这一条社会主义的红旗渠就有可能最后完成逻辑闭环，中国社会也就有可能真正实现社会主义的立场、观点和方法。

▷**小梅：**太美好了，叔叔，我喜欢这样的社会。

▶**我：**我也喜欢这样的社会，小梅，这就是我立志一生为之奋斗的事业，也是我们为什么能够跨越千里成为家人的原因。现在，准备行装，好好学习，读万卷书，行万里路，未来还有很长的路在等着你呢！

▷**小梅：**我记住了，叔叔。

▷**丹尼尔：**谢谢您，刘教授。在我的心目中，我们今天的讨论已经从理论上完成了逻辑闭环，您实事求是的态度和兼容并蓄的观点令我获益良多。作为一名忠诚的朋友，我必须祝贺你们，祝贺你们已经拥有了一条社会主义的红旗渠。从你们的身上，我看到了这条红旗渠在实践上最终完成逻辑闭环的光明前景。预祝你们成功，也预祝我们都成功。只要我们相信这个美丽的星球是一个命运共同体，那么每个人的成功就一定会惠及所有人，每个社会的成功也一定会惠及全世界。所以，社会主义是你们的，也是我们的。

▶**我：**我们也应该谢谢您，丹尼尔，实事求是的态度和兼容并蓄的观点，也是您给我们留下的深刻印象。这个美丽的星球本来就是一个命运共同体，所以，社会主义是我们的，也一定会是你们的。

▷**余斌：**谢谢丹尼尔，也谢谢我的老同学，还要谢谢小梅，今天这场新天地的石库门对话，穿越时空，直指人心。虽然我的眼前依旧还是上海滩，但是我的心里从此有了新天地。

▷**小梅：**谢谢 3 位叔叔，今天的这场对话将会永远留在我的心里。我现在知道了：从石库门到新天地，社会主义不在天边，就在眼前，它在历史追逐未来的脚步里，也在我们每个人追求美好的心灵中。

►**我：**尽管意犹未尽，然而天下没有不散的筵席。城市华灯初上，朋友就要远行。丹尼尔，虽然我们都想留您，但是您

上海新天地酒吧街

的行程不能再耽搁了。

▷**丹尼尔：** 就此道别吧！我将带着沉甸甸的收获上路，期待着再次见面的时光来临。再见，刘教授！再见，余先生！再见，小梅！

▶**我：** 再见，丹尼尔！让我们一起送您出门吧。

送别了丹尼尔，我们走在了新天地的步行街上，繁华都市的流光溢彩瞬间就包围了我们。小梅长长地舒了一口气，转过身微笑着对我说："叔叔，我现在相信了：这的确不是资本主义的东西在包围，这是社会主义的成果在簇拥。"